箱庭療法学
モノグラフ
第10巻

「見る」意識と「眺める」意識
心理療法という営みの本質を考える

上田琢哉

"See" consciousness and "View" consciousness:
Think about the Nature of Psychotherapy

Takuya UEDA

創元社

刊行によせて

　箱庭療法 (Sandplay Therapy) は、スイスの心理療法家カルフ氏によって創案され、河合隼雄 (本学会創設者) により1965年に日本に導入された。その非言語的な性質や適用範囲の広さ、そして日本で古くから親しまれてきた箱庭との親近性などから、心理療法の一技法として、以降広く国内でも発展を遂げてきたことは周知のことであろう。現在でも、心理相談、司法臨床、精神科・小児科等の医療、さらに学校・教育など、さまざまな領域での心理臨床活動において、広く施行されている。

　一般社団法人日本箱庭療法学会は、我が国唯一の箱庭療法学に関する学術団体として1987年7月に設立された。以来、箱庭療法学の基本的課題や原理に関して、面接事例およびその理論的考察などの発表を通して、会員の臨床活動および研究活動の相互発展を支援することを目的に活動を行ってきた。

　そして、本会学会誌『箱庭療法学研究』では、創刊10周年を機に、夢・描画などの、箱庭療法と共通するイメージへの深い関与が認められる研究も取り上げることとなった。今後ますます社会的な要請に応えていかなければならない心理臨床活動において、「イメージ」を根底から見据えていく研究は必須でありまた急務である。こうして本学会は、箱庭療法研究推進の中核的役割を担うとともに、広く心理療法の「イメージ」に関する研究推進を目指し、会員の研究、研修や活動支援を行う学術団体へと発展しつつある。

　このような経緯のなか、このたび、「木村晴子記念基金」から予算を拠出し『箱庭療法学モノグラフ』シリーズを刊行する運びと

なった。本シリーズは、箱庭をはじめとする、心理臨床における「イメージ」に関わる優れた研究を、世に問おうとするものである。

　故・木村晴子氏は、長年にわたり箱庭療法の実践と研究に取り組まれ、本学会においても理事や編集委員として大きな貢献をされてきたが、まことに残念なことながら、本会理事在任中の2010年にご逝去された。その後、箱庭療法を通じた深いご縁により、本学会が氏の特別縁故者として受けた財産分与金によって設立されたのが「木村晴子記念基金」である。

　氏は、生前より若手研究者の研究促進を真に願っておられた。本シリーズの刊行は、そうした氏の生前の願いを受ける形で企画されている。本シリーズが、箱庭療法学ならびに「イメージ」に関わる心理臨床研究の発展に寄与することを願ってやまない。

2014年10月
一般社団法人　日本箱庭療法学会

木村晴子記念基金について

　故・木村晴子氏は、長年にわたり箱庭療法の実践・研究に力を尽くされ、主著『箱庭療法――基礎的研究と実践』(1985, 創元社) をはじめとする多くの業績を通し、箱庭療法の発展に大きな貢献をされました。また、氏は本学会の設立当初より会員 (世話人) として活動され、その後も理事および編集委員として本学会の発展に多大な貢献をされました。2008年には、本学会への貢献、並びに箱庭療法学発展への功績を評され、学会賞を受賞されています。

　木村晴子記念基金は、上記のように箱庭療法に取り組まれ、本学会とも深い縁をもつ氏の特別縁故者として本学会が受けた財産分与金によって、2013年に設立されました。『箱庭療法学モノグラフ』シリーズと題した、博士論文に相当する学術論文の出版助成や、本会学会誌『箱庭療法学研究』に掲載される外国語論文の校閲費等として、箱庭療法学の発展を支援するために使途されています。

　なお、詳細につきましては、本学会ウェブサイト内「木村晴子記念基金」のページ (URL：http://www.sandplay.jp/memorial_fund.html) をご覧ください。

一般社団法人　日本箱庭療法学会

目 次

刊行によせて　i
木村晴子記念基金について　iii

序　章　はじめに ……………………………………………………………… 3

第1章　「見る」意識と「眺める」意識 ……………………………………… 7

1.1　意識の本質的機能　7
1.2　意識の基本形態としての「見る」意識　12
1.3　「眺める」意識とは何か　17
1.4　ものとこと　21
1.5　観の目と「眺める」意識　25
1.6　あきらめと「眺める」意識　28

第2章　和歌の中の「眺め」 …………………………………………………… 33

2.1　『古今和歌集』から『新古今和歌集』に至る「眺め」　33
2.2　「眺め」と「あくがれ」　38
2.3　〈あちら〉の世界へのかかわり方としての「眺め」　41
2.4　「眺め」は他者の心を動かすことによってはじめて完結する　44

第3章　石と「眺める」意識 …………………………………………………… 47

3.1　日本人にとっての石　49
3.2　置かれた石と「眺める」意識　54
3.3　物語の中の石と「眺める」意識　63
3.4　まとめ　66

第4章　事例1　…………………………………………………………… 68

4.1　事例の概要　68
4.2　面接経過　69
4.3　考察　74
　4.3.1　永遠の少年元型について　74
　4.3.2　〈母なるもの〉からの自立と「見る」意識の確立　77
　4.3.3　「見る」意識の強調とその行き詰まり　78
　4.3.4　「眺める」意識の獲得　81
4.4　事例1のまとめ　86

第5章　事例2　…………………………………………………………… 89

5.1　事例の概要　89
5.2　面接経過　89
5.3　考察　102
　5.3.1　中年期危機について　102
　5.3.2　「老」の意識と「眺める」意識　106
　5.3.3　二人で月を「眺める」こと　108
　5.3.4　〈あちら〉の世界を「眺める」こと　110
5.4　事例2のまとめ　111

第6章　心理療法という営みと「眺める」意識　………………… 113

6.1　意識の偏りを補うものとしての「眺める」意識　113
　6.1.1　「見る」意識に対する「眺める」意識　113
　6.1.2　Jung, C. G. の「補償」との異同　116
6.2　セラピストの治療的態度としての「眺める」意識　119
　6.2.1　訴えを「眺める」こと　120
　6.2.2　ともに「眺める」こと　125
　6.2.3　「眺める」意識と治療者のエピメテウス性　129

終　章　結びにかえて　…………………………………………………… 132

引用文献 137
人名索引 142
事項索引 144
初出一覧 147
あとがき 148

「見る」意識と「眺める」意識
心理療法という営みの本質を考える

序章

はじめに

　　意識はいろいろ違った仕方で意識であり得る

と、Merleau-Ponty, M. は言った（Merleau-Ponty, 1945 / 1967）。

　この命題のもつ意味の大きさを身に染みて実感することはもはやほとんど不可能となった。それほど現代において意識というものは、表層的なヴァリエーションの違いこそあれ、根底にあるイメージは強固で単一であり、意識が〈いろいろ違った仕方〉であり得ることについては想定されていない。むしろ意識の機能を単一化して強調することによって、現代人は今日の現代人になってきたとも言えるだろう。

　今日、一般的には意識のもっとも本質的な機能は「分離し、はっきりさせる力」であると考えられている。これについては Neumann, E. が『意識の起源史』（Neumann, 1971 / 2006）の中で世界各地のさまざまな神話や祭礼から明らかにしたものが有名である。Neumann, E. によれば、意識が成立する以前は、その場は混沌として無秩序な状態とされる。見方を変えれば、そこは一切の区別のない、完全な安定の場でもある。しかし、「生」はそれが生であるために必ず動きをともなう。意識も「生」の中で現象しようとすれば同様である。したがって、われわれの意識が「生きている意識」として成立しようとする中で完全な安定の場は崩されなければならない。そこから多くの

創世神話に見られるように、人間の意識はまず、天と地、父と母、光と闇といった「分離」を体験するのである。

　Neumann, E. は、人間の意識はこの「分離」というメカニズムを得て画期的な変化を迎えるという。すなわち「この識別の行為、意識的な区別の行為が世界を区別し、分離して、多くの対立を生み出す。この対立の中でのみ世界体験が可能になる」のである (Neumann, 1971 / 2006)。

　「分離」という働きこそが意識を意識たらしめているのである。

　この意識のもつ本質的働きによって、われわれは世界を客観的、論理的にとらえることをしはじめた。と同時に、この機能によって発達した自然科学のあまりの有効性によって、われわれはそれを成り立たせてきた意識のあり方が唯一絶対のものと信ずるようになった。意識は Kuhn, T. の言う〈パラダイム〉となったのである。

　しかし、意識というものは本当にそのような「仕方」でしかありえないものだろうか。

＊

　わが国で、かつてこのような問題に敏感な人がいた。井筒俊彦である。

　井筒の論考は現代でも高く評価され続けているが、一貫して関心のあったのは「意識とはどのようなものか」ということであった。彼は『意識と本質』の中で、意識の実相を把握するには、「意識を超えた意識、意識でない意識をも含めた形で、意識なるものを統合的に構造化しなおそうとする努力が必要だ」と考えた（井筒, 1983）。

　そのような問題意識の中で取り上げられたものの一つが、「眺める」という意識のあり方であった。これは通常の意識のあり方とは大きく異なりながら、しかも意識であることにおいては変わりがない、ユニークな様式の提案であった。

　残念ながら、この「眺める」意識という考えは、井筒の後期の著作の中でわずかに論じられただけで、その後展開されることはなかった。しかし、現

在のわれわれの生をめぐる状況に照らしたとき、「眺める」意識というあり方は非常に大きな価値をもつものとなりつつある。

　本書は、この「眺める」意識ということをテーマにした書である。

　本書を進めるにあたって、そもそも「眺める」意識を取り上げることに一体どんな現代的意義があるのか、また、取り上げるにしてもどのような手法によって取り上げるのか、という問題について最初に答えておかなければならないだろう。

　「分離し、はっきりさせる」という意識の主たる機能により発達した科学技術によって、現代では物質、行動、精神のあらゆる面においてわれわれは多くのことを「知る」ようになった。同時にそれは、われわれの生活を便利に、豊かにすることに寄与した。われわれの周りを見渡してみたとき、生活を支えているもので科学に拠っていないものはほとんど見当たらないだろう。日用品からスマートフォンなどの情報機器、電車や自動車などの交通手段、医療技術など、ほとんどすべてが科学の成果である。本来であれば、われわれは生きるということについて以前のわれわれよりも柔軟になり、楽になっていなければおかしいはずである。しかし、落ち着いて振り返ってみれば、われわれにとって生きることは楽になっていないばかりか、むしろ、逆説的な意味で難しくなってさえいることに気づかされる。それは科学技術の発展に伴うさまざまな汚染、生命倫理にかかわる新しい問題の出現、子どもたちの不登校やいじめの問題、近年の精神疾患の増加や先進国の自殺者数の多さなどをあげれば十分に納得してもらえるだろう。言い換えれば、これまでの進歩発展を支えてきた意識のあり方だけでは打開できない問題があることに、われわれは気がつきはじめているのである。

　本書で「眺める」意識をテーマとして取り上げるもっとも大きな目的は、その（スタンダードでなく、しかも多分に文化的な色彩を帯びた）特殊な意識のあり

ようが、現代のわれわれがぶつかっている一見解決不能に見えるような多くの困難に対して、新しい手がかりを与えてくれるものになる可能性があることを示すことにある。

ただし、「意識」という実際に手に取って観察し得ないものについて十分論じるには、それ相応の枠組みが必要である。筆者の専門としている心理療法は、その枠組みとして大変適していると考えられる。なぜならば、心理療法はずっと「意識」をテーマにしてきた実践領域であり、心理療法という営みを通してこそ、それを十全に論じることができると考えられるからである。

より具体的に言えば以下のようになろう。すなわち、「分離し、はっきりさせる」意識のあり方だけでは解決できない問題が明るみになるにつれ、われわれは深刻な生きづらさを感じるようになっている。クライエントと呼ばれる人たちはそのような意識の抱える現代的課題に敏感に影響を受けているのであり、またそれを克服していく様子を「語り」という表現によってわれわれに見せてくれている。もし「眺める」意識が本当に現代的意義をもつのなら、心理療法の実際的な営みの中にかならずやあらわれ、その意義を具体的に論じることができるはずである。

おおよそこのような視点が、本書で「眺める」意識というテーマを取り上げる目的と取り上げ方であり、またそのことに対する現代的要請があるのだと述べておきたい。

本書の内容は、次の通りである。第一に、「眺める」意識の実相をさまざまな資料から明らかにすること。第二に、心理療法という営みを通して、「眺める」意識の有用性を論証すること、である。

おそらくこの二点の作業を終える頃には、意識というものに対する新しい視点の追加と、そのことによって現代社会をわれわれが生きていく上での何らかのヒントが得られているのではないかと期待される。

第1章
「見る」意識と「眺める」意識

1.1 意識の本質的機能

　ここでは、意識というものの成り立ちについて考えていく中で、意識のもつ本質的な機能を確認していくことから始めたい。

　これまでの先行研究を概観すると、意識の本質的な働きを「分離し、はっきりさせる力」とすることはおおむね一致した見解であると思われる。これについては、Neumann, E. の『意識の起源史』(Neumann, 1971 / 2006) に沿って考えるのがよいだろう。

　まず Neumann, E. は人間の意識の個体発生的発達は、系統発生的な発達の、形を変えた繰り返しであるととらえている。そして、世界各地の神話の中にその系統発生的な発達の原型が認められるとして、詳細に神話を考察しながら、それを明らかにした。Neumann, E. はもともと Jung, C. G. の精神療法の実践を通した思索から強く影響を受けているが、その Jung, C. G. 自身もまったく同様の意味で、「意識化の行為はすべからく創造の行為であって、宇宙創造神話に見られる種々さまざまの象徴は、意識化という心的体験に源を発しているのである」と言っている (Jung, 1944 / 1976)。彼らの仕事は、その後の民俗学、社会学、心理学に大きな影響を与えるものとなった。

さて、意識が成立する以前は、その場は「全」あるいは「無」としか言いようのない状態である。そこには何らの秩序も葛藤もない。この状態を象徴的にあらわしているのが古代から存在しているウロボロスである。ウロボロスは自らの尾を呑み込んで円状をなしている蛇であらわされ、バビロン、メソポタミア、アフリカ、インドなどに認められ、ほぼ世界的に遍在している表象である（河合, 1982）。

　このような意識成立以前の場は、ウロボロス的な、すなわち円のイメージであらわされる「無限の一者性」とも言える状態であり、そこから多くの創世神話に見られるように、人間の意識はまず、天と地、父と母、光と闇といった「分離」を体験する。区別のない完全な安定の場は崩されなければならないのである。これは先に述べたように、「生」が動きを伴うことによる必然である。

　今さら言うまでもないが、『旧約聖書』の「創世記」（第1章）にその最初の分離の体験が描かれている。

> 　初めに神は天と地を創造された。地は混沌として、闇が深淵の面(おもて)にあり、神の霊が水の面(おもて)を動いていた。神は言われた。「光あれ。」すると光があった。……神は、光と闇を分け、光を昼と呼び、闇を夜と呼ばれた。夕べがあり、朝があった。第一の日である。
>
> 　神は言われた。「水の中に大空があり、水と水を分けるようになれ。」……神は大空を造り、大空の下の水と、大空の上の水とを分けられた。神は大空を天と呼ばれた。……第二の日である。
>
> 　　　　　　　　　　　　　　　　　　　　　　　　（日本聖書協会, 2018）

　世界は〈分けて名づける〉の繰り返しで成立したのである。
　もっとわかりやすいのは、例えば、マオリ族の神話であろう。マオリ族の創造神話では世界のはじまりは次のように語られる。

天と地は人間の創造者であり、万物の根源であった。かつて天は地の上に横たわり、すべては闇につつまれていた。二人が分けられたことは一度もなった。しかし「人間の数がおびただしく増えたのに、闇がまだ続いていた」ことに対して、天と地の子どもたちは不満を抱き、両親を引き裂くことに決めた。相談の結果、「一方を持ち上げて遠い人とし、他方はこのまま足元に留めて、われわれの母としよう」ということになった。

(Neumann, 1971 / 2006)

　すなわち、もっとも初めに原両親の分離 (Neumann, 1971 / 2006) が行われるのである。実は、この引き裂き方も興味深いものであって、5人の子どものうち4人までは失敗したのだが、最後の5人目の子どもが、腕だけでは引き裂けず、逆立ちして頭を地面につけ、両足を上に当てて、思い切り二人を引き裂いたのである。そのとき天と地は苦痛の叫びを上げたという。

　このようにして始原の状態は強引に解体される。Neumann, E. は、人間の意識はこの「分離」というメカニズムを得て画期的な変化を迎えるという。すなわち、「この識別の行為、意識的な区別の行為が世界を区別し、分離して、多くの対立を生み出す。この対立の中でのみ世界体験が可能になる」のである (Neumann, 1971 / 2006)。

　ここで、意識が成立する前の混沌を「意識でない」という素朴な意味において無意識と呼んでも差し支えないだろうが、Neumann, E. はすべてを包摂して区別しない始原の場としての無意識を女性的なものと考え、対する意識を男性的なものと考えていた。Neumann, E. は「無意識が男性にとって女性性をもつのと同様に、意識は女性においてさえ男性性をもつ」と述べている (Neumann, 1971 / 2006)。ここで言う男性的なものとは、荒々しいとか攻撃的といった意味ではなく、まさに「分離し、はっきりさせる力」のことを言ったのである。

　別の角度から見ると、意識発達とは、混沌の場である無意識から自らを明

確に分離し、それ（無意識）を支配しようとするプロセスのことであり、ゆえに「距離をとることこそ意識体系の本質」（Neumann, 1971 / 2006）と言えるのである。「意識発達とは『無意識から去れ』、『女性から去れ』なのである」（Neumann, 1971 / 2006）。Jung, C. G. はこのことを「無意識裡にあるものが顕在化し始めるとともに諸対立の分裂が生ずる。天地創造の時がまさにそうであった」のであり、「その分裂こそが意識を意識たらしめているのだ」と言った（Jung, 1944 / 1976）。いずれにせよ、無意識から離れることが意識の成立条件なのであるから、意識の本質的機能は「分離」と「明確化」であるということがここで明らかにされている。

　　意識の本質とは区別することである。意識とは、それが意識であるためには、諸対立を分け隔てなければならない。しかも自然ニ反シテ、そうしなければならないのである。

(Jung, 1944 / 1976)

　この、全一なるものを分断することによって世界を把握するという意識の態度は、例えば性的二元論のように西洋のシンボリズムで長い歴史をもっており、現実の世界のとらえ方にも大きな影響を与えていくのである。

　さて、この「分離し、はっきりさせる」という意識の本質的機能の実相は、われわれにとっては「知る」という働きの中にあらわれる。「知る」ためには「図」を「地」から切り離す分離の働きが必須だからである。わが国で「わかる」という語に「分」の漢字があてられていることは、そのことをよく示している。同様に、「解る」や「判る」にも刀や刀を示す「りっとう」が用いられていることは、知る＝わかるということが、「分離し、はっきりさせる」働きを必要としていることを意味しているのである。

　このように考えれば、意識（conscious）という語の語源であるラテン語の《con-scire》が、何かを知るということを意味していたことも納得がいく。意

識とは、〈分離し、はっきりさせる〉働きであり、それは第一義的には「知る」ことなのである。このことはどれほど強調してもしすぎることはない。

　意識の「知る」働きを誰よりも強調したのは精神分析の創始者であるFreud, S. であった。Freud, S. は「知る」という働きを意識の第一機能として認め、さらにその機能の及ばないものを無意識という領域を想定することによってそこに入れ込んだのである。大いなる発見であった。このことが結果的に精神分析の理論的枠組みを作らせたのだと言ってもよいだろう。Freud, S. にとって症状とは意識しがたい（無意識内の）内容が上がってきて自我のコントロールが奪われることであったから、治療は意識が無意識を把握していくこと、すなわち「知って」いくことにほかならなかった。ただFreud, S. が無意識を想定し得たことは革命であったが、意識の機能についてはそれと対比され、さらに単一化・明確化されていったのである。

　一方、Jung派のMeier, C. A. は「科学としての分析心理学より考察した科学と意識」と題する論文（Meier, 1980 / 1986）でこの問題に直接取り組んでいる。彼は「寡聞する限りこれまで一度も言われたことのないある命題をここに導入する。分析心理学は意識に始まって意識に終わる、という命題である」という過激ともいえる問題設定をし、分析心理学が意識の学であることを説明する。Meier（1980 / 1986）は「意識が本質的に分析を必要とし、かつそれみずからのうちに高度な道徳的性質をふくむものであることは、自明の理である」と言う。ここでMeier, C. A. が「自明の理」とまで表現していることに着目したい。彼はCalvin, J. を引用し、意識とはもともと「神の審きの感覚」であったことを指摘する。意識を通してわれわれが「神と直面していた」というのである（Meier, 1980 / 1986）。ここからMeier, C. A. は、意識は道徳的な観点からの分析の働きであると結論した。Meier（1980 / 1986）においては「意識による吟味」という表現が何度もなされるが、Jung派の非常に重要なことは、結局のところ「意識が勇気を持って、意識的と無意識的の両者の立場を真に徹底的に精査すること」（Meier 1980 / 1986）だというのである。無意識のとらえ方はFreud, S. と異なるにしても、意識の「知る」働きを重視す

る点は同様であることがわかる。Jung派の立場からも、意識に期待されるところのものはこのように「知る」という働きであることが、明らかである。

1.2　意識の基本形態としての「見る」意識

　「知る」という意識の本質的機能は、体験的には「見る」ことによってもっとも直截的にもたらされるだろう。両者はほとんど同義であると言ってよいほどのものである。例えば、英語のseeには「見る／見える」の他に、「分かる／知る」という意味がある。わが国にも「知見」や「見識」という言葉がある。知ることは見ることなのだ。生物学的な研究においてもこれを支持する知見は多くあり、例えば小町谷 (1997) は、ヒトの眼の構造的特徴や進化論的比較からヒトの眼は脳の一部であることを明らかにし、「視は知である」と述べている。

　「知る」こととは「見る」ことであるから、人間の意識の時代的発達につれて「見る」ことの重要性は増していくことが予測される。実際、近代とはそれまでに比べて他の感覚より視覚が支配的になった時代であることはよく指摘されている（Foster, (ed.), 1999 / 2007）。中村 (1992) によれば、ヨーロッパの中世世界では、もっとも洗練された感覚、世界ともっとも豊かな接触をもたらす感覚とは聴覚であった。ところがルネサンス期になって、そこに価値の転倒が起こり、眼が知覚のもっとも重要な器官とみなされるようになった。そのため「事物や自然との間に距離が取られるようになり、視覚の支配のもとにそれらを対象化する方向を歩んだ」（中村, 1992）のである。そして、このことがその後の爆発的な科学技術の発展を招いたのである。Neumann, E. が「距離をとることが意識の本質的性質である」（Neumann, 1971 / 2006）と述べたことが思い起こされる。近代とは、意識の拡大と視覚の強調とが歩調を合わせて進んだ時代なのである。

　具体的な例を挙げてみよう。近代科学技術の代表格である医療技術の発展を見ると、初期のレントゲン（X線）の発見から電子顕微鏡、超音波診断の開

発、さらにはCTスキャンやMRIなどの画像診断、近年では遺伝子解析に至る進歩の流れを追うことができる。医療における進歩とは、「見えないものが見えるようになること」だったのである。そして、このことによって現代人は平均寿命を大きく伸ばしたこともまた事実なのである。

　この例を挙げるだけでも、「知る＝見る」という意識の態度が現代までつづくさまざまな科学技術の発展に寄与したことを納得してもらえるだろう。

　このようなことから、意識の基本形態を「見る」意識と呼んでおこう。

　さて少し戻って、「見る」意識が、〈分離し、はっきりさせる〉という意識の基本形態であることをさらに詳しく見てみよう。

　[図1]はHandford, M. の『ウォーリーをさがせ！』（唐沢（訳），2000）という人気絵本シリーズである。この絵の中から、ボーダーの服を着て帽子とメガネを着けたウォーリーを探し出す、という仕掛けになっている。これは、人間は一気に全体を把握することが難しいがゆえに、「わかる」ためには領域を区切って探索せざるを得ないことを上手く利用している。

　[図2]は、そのままぼんやりと見ていると、単なる無機的な柄にしか見えない。しかし、そこに「ダルメシアンが公園の奥へ向かっている」という情報が入ると、無機的な柄の中から情報を〈分離し、はっきりさせる〉ことで、急にそれが「見え」てくる。すなわち「知る」のである。

　[図1]や[図2]は、「見る」ということがいかに「分離

[図1]『新ウォーリーをさがせ！』（マーティン・ハンドフォード（著）／唐沢則幸（訳），フレーベル館，2000年）より

的」「探索的」すなわち、〈分離し、はっきりさせる〉意識の本質的働きそのものであるかを体験させてくれる。実際、知覚心理学で研究が盛んな〈図と地〉の問題やゲシュタルトによる体制化の例などは、「どのように見るか」、すなわち「どのように分離するか」が「知る」ことであることを明らかにしてきた。

[図2]「小斑点の中にはどんな像が隠されているのだろうか?」
(『シーイング　錯視──脳と心のメカニズム』ジョン・P・フリスビー(著)／村山久美子(訳), 誠信書房, 1982年)より

　その他の心理学的な文脈においても、「見る」ことは人の意識のダイレクトなあらわれとして扱われている。
　発達心理学の領域においては、例えば、生まれたばかりの乳児がほとんど視力はないはずであるにもかかわらず、無意味な図形よりも人の顔の形に似たパターンを注視することが知られている (Fantz, 1963)。これは「見る」こと(はっきりさせること)がまさに生存に欠かせない働きとしてまっ先に発達することをよく示している。また、乳児が自分の手をあたかも自分のものではないかのように飽かず見続ける hand regard という現象を考えてみてもよい。この現象が示していることは、乳児の段階では自己と対象が融合的な状態にあり、発達にともなって目の前の手を自分の一部として発見して(分離し、はっきりさせて)いくようになるのだということである。
　このように発達心理学的な面から「見る」ことの重要性を示す研究は多いが、ここでは、「共同注視 (joint visual attention)」の研究を具体的に取り上げて、さらに考えを進めてみたい。
　共同注視とは、厳密には、乳児と顔を合わせている相手が頭と目を同時に目標物の方向に回転させたときに生じる乳児の視線の後追い現象のことをいう。これは、乳幼児が発達に応じて親が注視しているものに視線を向けるよ

うになることが発見され、それが社会的コミュニケーションの成立に大きな役割を占めていることが推測されるようになって注目された。Amano & Kezuka (1996) によれば、生後3か月の乳児は大人が真横を向いてもその視覚対象に目を向けることなく大人の横顔を見つめるが、6、7か月児になると、大人の視線の先にある対象に気がつき始めると言う。さらに実験では、子どもが（まるで大人がその対象を確かに見ているかどうか確認するかのように）しばしば対象と大人の横顔とに交互に視線を向ける様子が見られたとしている。これは乳児が「見る・見られる」の関係から大人の視線の先の「対象」に気づき、他者との共有世界に生きるということを意味している。このように、共同注視は、乳児の〈自己―対象―他者〉という三項関係の成立があって初めて可能になると考えられており、その後の「心の理論」や言語獲得に決定的な影響を与えていると想定されている。したがって、共同注視は発達心理学における重要なトピックとして、現在もさまざまな実験的研究がおこなわれている。

　実証的な研究の一例としては、大神・実藤 (2006) が、約2,000人の出生児を対象に縦断的コーホート調査によって、生後18か月時点における子どもたちの共同注意行動（この場合はほぼ共同注視と同義）の特徴を報告したものがある。大神・実藤 (2006) の研究では、18か月までの共同注意得点がマイナス1SD以下に推移したハイリスク乳幼児は、定型発達の子どもたちに比べ、明らかに指さし理解やふり遊び、言語発達などの高次のコミュニケーションスキルが低いことを見出している。この結果から、大神・実藤 (2006) は共同注視の有無が自閉症児の早期発見のスクリーニングに有効である可能性まで指摘している。

　臨床心理学の領域においても、まったく異なるアプローチではあるが、「見る」ことの重要性を指摘したものは多い。例えば、伊藤良子の研究（伊藤, 2001）は自閉症児の心理治療の事例から「見る」ことと自我の確立の関係を考察しているものとして意義深い。伊藤はそこで、自閉症児に〈見ることのとらわれ〉が顕著であることを見出した。伊藤は遊戯療法をともにする中で、

「〈見ること〉によって、この混沌とした世界をなんとか把握しようとしている彼らの必死のあがきの姿を感じる」と言う (伊藤, 2001)。自閉症児は生きるために「見る」ことに執着せざるを得ないのである。筆者も、自閉症児とのプレイセラピーで、子どもが大きくて複雑なプラレールの線路を作りながら、全体を見ることをせず、地面に這いつくばってひたすら目の前を通る電車を凝視するというセッションを経験したことから、伊藤の意見に同意できる。世界をとらえ、そしてそれを落ち着かせるために、「見る」ということは切実なほど大切なのである。

さらに伊藤 (2001) は自閉症児がセラピーの進行にともなって治療者と目が合うようになった変化を考察し、「〈見ること〉は本来、誠に主体的な行為であり、さらに他者の眼差しを受け入れることは、他者の主体性を受け入れることであって、人間の在り方に関わるものである」とまで述べる。これは前述の共同注視にも通じ、主体の確立に他者の視線が重要であることを示唆している。

以上のように、さまざまな心理学的研究が一貫して明らかにしているのは、「見る」=「知る」ということが意識のもっとも重要な機能であり、人を人たらしめている事象であるということであった。思い起こせば、Freud, S. が個人の深層にあるコンプレックスとして重視したエディプス・コンプレックスも、まさに「見ること=知ること」をめぐる物語であった。

実の父親を殺し、母親と性交したことを「知った」とき、自らの「眼」を突いたオイディプス王の物語を、個人が主体的に生きることの物語と読めば、われわれにとって「見ること=知ること」の大きさが身に染みるのである。

これらを考え合わせると、河合 (1982) が「『見る』ということは『知る』ことで、これは自我を成立させる上で大変重要なものである」と述べるのも、ごく自然な論理展開だと思われる。

*

さて、このような「見る」意識の独占を疑い、別の意識のありようを考察

したのが井筒俊彦である。井筒は哲学的、宗教学的な経緯を丁寧にひもとき、かつ西洋的な意識と東洋的なそれとを比較しながら考察するなかで、一つの意識のありように触れた。それが「眺める」意識であった。

1.3 「眺める」意識とは何か

「眺め」は、①『見わたして目に入るものの様子。またそのおもむき・けしき』、②『つくづくと見つめて、もの思いにふけること』とされる（金田一 他（編），1987）。これは単に見るのとは大きく違って、情緒的なニュアンスが多分に含まれているようである。折口信夫はこの「ながむ」という語を日本語の中でももっとも洗練された、詩味豊かな言語であると考えていた（折口，1996）。

折口 (1996) によれば「ながむ」という語はもともと二つの異なった意味を包含しているという。一つは「眺」の意のものと、もう一つは「おぼめく」という意のものである。「『眺』の方は『む』という音に『見』の意があるらしく、『おぼめく』の方には、『なが』に似寄った『なげく』の意がほのかに伺はれる」（折口，1996）というのである。「眺め」はいつしかこの両者が混じり合ったものと考えられている。

英語ではこのような言葉に該当する適当な語がないようである。see や look, watch などは、どちらかというとしっかり見て、観察するようなニュアンスがあり、まさに Neumann, E. の言う〈意識の男性的働き〉によって「見る」ことであると言えよう。

筆者が英語を母国語とする知人に確認したところ、see は check であり、look at は pay attention であり、watch はそこに something will happen があると言っていた。いずれも意図的に注視するようなニュアンスが強いことが明らかである。英語の中では view が比較的近いものと考えられるが、これについても something on display を見ることであるらしく、やはりわが国の「眺める」と同じとは言いがたいように思われる。

さて、「眺め」という日本語の使用は、「見る」と同様、大変古いことが知られている。

白川静によれば、古来わが国には、梅雨時の長雨のときに「雨季禁み」する習俗があり、ここから転じて「長雨＝ながめ」は禁欲時のもの思いにふける意として用いられるようになったという（白川, 2000）。このような意味における「眺め」は、『古今和歌集』の時代においてすでに用いられている。

例えば次のような歌である。

> 起きもせず　寝もせで夜をあかしては　春のものとてながめ暮らしつ
> 　　　　　　　　　　　　　　　　　　　（『伊勢物語』：在原業平朝臣）

これは女性へ送った恋歌であるとされる。「起きているでもなく、寝るのでもなく、夜を明かして、春らしい雨をぼんやりと眺めて過ごしてしまいました」という意である。眺めは「（春の）長雨」とかけられている。『古今和歌集』の時代は、折口信夫が指摘したように、「眺め」は特に、「春の長雨期の男女間のもの忌につながる淡い性欲的気分でのもの思い」（折口, 1995）をあらわしていたのである。

ここで、この時期の「眺め」の含意の中心となっている「もの思い」という態度について少し触れておいた方がよいだろう。加藤（2006）によれば、「もの思い」という語は、特定の対象への関心よりも、もの思う意識それ自身への自覚を意味するものであり、「もののあはれ」へつながるものだという。つまり恋愛であれば、「あなたを」とか「彼を」と具体的な人を思うのではなく、一種の恋愛的気分の自覚であり、「眺め」の歌はその気分を詠んでいるのである。「について考える」という能動態のものでもなく、「考えさせられる」というほどの受動態でもなく、いわばぼんやりと受け止めている態度である。誤解を恐れずに言えば、「中動態」的な態度（國分, 2017）である。その

ぼんやりと受け止めている態度の内実は、「もののあはれ」のような情趣と考えられるが、それについてはまた後で論じることになろう。いずれにしても「眺め」のポイントとなることは、この「もの思い」の状態にあることをここで述べておく。

＊

　ところで、井筒俊彦は「古今」的和歌の世界は、「一切の事物・事象が、それぞれ普遍的『本質』によって定着された世界」であったことを指摘している（井筒, 1983）。ここで井筒の言う「本質」とは、「存在をして或るものならしめる力（規定性）」、いわば「花を花たらしめているもの」のことである。すなわち『古今和歌集』までの時代は、「春は春、花は花、恋は恋というふうに」（井筒, 1983）歌われる世界だったのである。

　それは当たり前ではないかと言われるかもしれない。しかしながら、見方によっては、あまりに明確な輪郭線で区切られた「本質」的事物の、ぎっしり隙間なく充満する存在風景を、「歌うにはつまらない」と感じる者がいてもおかしくないだろう。すなわち〈分離し、はっきりさせる〉「見る」意識だけで歌うことに飽き足らぬ詩人たちが出てきたのである。彼らは、王朝文化の雅びの生活感情的基底であった「ながめ暮す心」を、普遍的「本質」消去の手段として、一つの特殊な詩的意識のあり方にまで次第に昇華させた。それが『新古今和歌集』の時代になってあらわれてくる。

　井筒が挙げるのは、次の二歌である。

　　ながむれば　我が心さへはてもなく　行へも知らぬ月の影かな

　　帰る雁　過ぎぬる空に雲消えて　いかに詠めん春の行くかた

（式子内親王）

　月は照り、雲は流れ、飛ぶ雁が視界をかすめる。だが、この詩人の意識はそれらの事物に鋭く焦点を合わせていない。それらは遠い彼方に、限りなく

遠いところにながめられている。「この『眺め』の焦点をぼかした視線の先で、事物はその『本質』的限定を越える」(井筒, 1983) のである。そこには、胸を締めつけられるようなせつない情趣だけが残っていることを感じさせるのである。

井筒 (1983) は、「新古今」的幽玄追求の雰囲気の中で完全に展開しきった形においては「眺め」の意識とは、むしろ事物の「本質」的規定性を朦朧化して、そこに現成する茫漠たる情趣空間の中に存在の深みを感得しようとする意識主体的態度ではなかったろうかと言い、ここに「眺める」意識を提案したのである[註1)]。これは〈分離し、はっきりさせる〉「見る」意識とは大きく異なるものである。むしろ「眺め」には「見る」ことで本質が明らかになってしまうことを避ける効果があり、「そこにこそ詩的情緒の纏綿があり、存在深層の開顕がある」とされるものである (井筒, 1983)。「『眺め』は一種独特な存在体験、世界に対する意識の一種独特な関わり」(井筒, 1983) なのである。

「性的なもの思い」から大きく飛躍して、「眺め」はここにきて、感覚的・抽象的な一種の世界へのかかわり方をあらわす言葉となったのである。

*

このような議論に対して、「それは意識ではない」、あるいは「単に通常の意識の劣った状態に過ぎないものである」という反論はありうることである。しかし、これには当面次のように答えることができる。Jung, C. G. は意識の大事な条件として、自我の関与があることと方向性をもつことの二点をあげている (Jung, 1968 / 1976)。Merleau-Ponty, M. も「意識が意識足りうるのは自己が意味とかかわりあうことによってのみである」「あらゆる意識は或るものについての意識である」と言い (Merleau-Ponty, 1945 / 1967)、Jung, C. G. の二点とほぼ同様のことを述べている。「眺め」もまた、ぼんやりとし

註1) 井筒俊彦はこのような意識のあり方を上のように和歌から着想したため、「眺め」の意識という体言で提案しているが、本書ではその後の展開も含めて、また「見る」意識との対比の意味も含めて、「眺める」意識と表現しておく。

た状態でありながら、それを言語化している（和歌にする）という点で、しっかりとした自我の関与があると考えられる。また、「眺め」は、わざわざ朦朧化させることで「存在との即時応答」を目指すものである。その点では一つの方向性をもち、応答の側面において非常にクリアな心的領域を準備していると考えることができる。

　以上から、「眺め」は、適切な自我の関与と方向性をもつ一つの意識のあり方であり、単なるもうろう状態や幻覚妄想状態とは明確に区別されるべきだろう。

1.4　ものとこと

　「見る」意識と「眺める」意識を提示する中で、さらに議論を深めるために、その視線の先にある対象という観点から、〈ものとこと〉という概念を取り上げてみたい。

　この〈ものとこと〉という論点を最初に考察したのは哲学者の和辻哲郎であるが、その後、精神科医の木村敏の『時間と自己』（木村, 1982）によって優れた論考が展開されているので、以下、木村の論を借りながら論じてみたい。

　まず、「もの」とは、ごく当たり前の意味でわれわれの生活空間を満たしているもののことである。

> 　私の前には机というものがあり、原稿用紙というものがあり、私はその上にボールペンというもので字を書いている。字もやはりものであることに変わりはない。
> 　空間のどの一部分をとってみても、もののないところはない。真空でさえ、そこには真空というものがある。
>
> （木村, 1982）

　つまり、われわれは至るところものに取り囲まれて生きているのである。

この「もの」という観点は、われわれの外部の世界について言われるだけではなく、意識と呼ばれるわれわれの内部空間にも当てはまる。例えば、木村は次のように説明する。

> 「速さ」ということについて考えてみるとする。速いということは、そのままの姿では決してものではない。しかし、これを速さという形で思い浮かべてみると、それはたちまちものにかわる。
>
> このようにしてわれわれは、覚めた意識をはたらかせているかぎり、内部も外部も至るところものまたもので埋めつくされた空間の中に住むことになるのである。
>
> （木村，1982）

なぜ、本書でこのような意味でのものということを取り上げるかと言えば、「ものというのは『見る』働きの対象となるもののこと」(木村，1982) だからである。別言すれば、「ものがものとして認識されるのは、『もの』がほかの『もの』と分割線によって明確に区別されているからである」(井原，2009)。すなわち、他から分離して（すなわち意識の本質的働きによって）見ているものがものなのである。

木村は言う。「外部的な眼で見るにしても内部的な眼で見るにしても、見るというはたらきが可能であるためには、ものとのあいだに距離がなければならない。見られるものとは、それとの間に距離があるということであり、それが『対象』あるいは『客観』ということばの意味である」(木村，1982)。これを極言すれば、「ものはすべて客観であり、客観はすべてものである」(木村，1982) ということになる。

以上のような論の流れから、われわれが「見る」意識と呼んでいる意識のあり方は、「ものをとらえる態度」のことであり、ものとは、距離を置いた対象であるから、すなわち、前述の意識の本質的機能と合致するのである。

ここでは、Neumann, E. が「意識の本質とは距離をとることである」(Neumann, 1971 / 2006) と言ったことを思い出すだけで十分であろう。

　西洋はこの「ものを見る」というあり方を金科玉条としてきた。木村はこの態度が客観的観察を本領とする自然科学のあり方を決定づけたと言う（木村，1982）。さらに、西洋近代科学の力が地球規模で席巻するようになってからは、「ものを見る」という態度はわれわれ人間にとってほとんど唯一の〈対象とのかかわり方〉として尊重されるようになったのである。河合（2002）が指摘するように、この傾向があまりにも強くなってしまったため、現代人は人間の全存在としての体験を視覚による体験によって限定してしまっているようにさえ見える。例えば、目に見えないものは実在しないと考えたり、信頼しないということになったりするのである。すなわち、現代のわれわれにとってものの世界がすべてということになってきているのである。

　しかし、もしわれわれが世界を客観的に「見る」ことをやめるなら、この世界はものだけによって成り立っているのではないことがわかってくる。それを木村敏は「ことの世界」と呼ぶのである。ことの世界では、客観的・対象的なものとして現れるのではないような、それとはまったく別種の世界の現れ方があると言う。

> 　私がここにいるということ、私の前に机や原稿用紙があるということ、いま私がその上に字を書いているということ。それらはすべてものではなくことである。別の言い方をすれば、「木から落ちるリンゴ」というのはものであるが、「リンゴが木から落ちる」と言うとき、それはことである。
>
> 　　　　　　　　　　　　　　　　　　　　　　　　（木村，1982）

　木村は、「木から落ちるリンゴ」と言うとき、それは自分がそこに立ち会っているという事実を消そうとしているのだと指摘する。いわゆる客観である。これに対して「リンゴが木から落ちる」というとき、それは体験してい

る主観を含んだ命題となっている。主観なり自己がなければ、「木から落ちるリンゴ」はあっても「リンゴが木から落ちる」ということは叙述されないからである。さらに木村は、「落ちる」にはことしての体験の共通性があり、ゆえに「腑に落ちる」「試験に落ちる」「品質が落ちる」などの用法が成り立つのだとも述べている。

　そもそもこととは、「事」であると同時に「言」であり、古代社会では両者は区別されていなかった。私が発した主観的な「言」とそれが指し示す「事」の間に区別はなかったのである。ことは、まさに「私の世界のリアリティ」をあらわしたのである。

　一方で木村は、ことは私の体験を意味していて、もののように客観的に固定できない、不安定なものであるために、われわれはその不安定に耐えられず、ものに変えてしまおうとする傾向があることも指摘する。すなわち、距離をとって「見」ようとするのである。それほど「見る」のもつ安定化作用は魅力的だと言ってよいだろう。しかし、それによってわれわれの体験の質は切断され、「何か」が失われているのではあるまいか。例えば木村は精神科医であるから、「ことの世界」が欠落している、いわば私の体験がありありと感じられない状態が離人症と呼ばれるものだと考えているようである。このような点についても大変興味深いが、本書では措いておこう。

　いずれにしても、このものに対することという言い方で、微妙だが決定的な「存在論的差異」を言い表すという習慣は、欧米の言葉にはまったく例を見ない日本語独特の用法である。そして、本書の流れからすぐ想像がつくように、「見る」ではとらえられないことの世界をとらえる方法として「眺める」があるのではないかと考えてみたいのである。

　例えば、詩を考えてみよう。ことばはそれ自体一種のものでありながら、その中に生き生きとしたことを住まわせている。この共生関係を最大限に利用しているのが、詩であろう。詩はことばというものを用い、しかも多くの場合、さまざまなものについて語りながら、ものについての情報伝達を目的

とせず、ことの世界を鮮明に表現しようとしている。もの的な表現素材を通じて、こと的な世界を開いているのが詩なのである（木村，1982）。ことは述定される主体でもなければ、性状・動作・性質そのものでもない。ことは文章態でしか表現できない一種の状態なのである（井原，2009）。「降る雪」や「雪の白さ」はものであるが、「雪が降ること」「雪が白いこと」を表現した瞬間、ものを通してことの世界、情趣の世界が開かれる。

　ゆえに、詩はものとして「見」ないときにはじめてその内実が開かれてくる。「ことが純粋なこととしてとどまりうるためには、それはいつでもものとして意識化されうる可能性をもちながら、しかも意識の集中をまぬがれた未決の状態に置かれているのでなくてはならない」（木村，1982）。ものになってしまわないように「意識の集中をまぬがれた未決の状態」に置かれてはじめて、狙いであることが私に現前するのである。いわば詩は「眺める」ものなのである。詩や和歌の受け取り方とはそのようなものであろう。これは「眺める」意識を提案した井筒俊彦が、和歌の世界に入り込み、「『眺め』には、見ることで本質が明らかになってしまうことを避ける効果」があり、「そこに詩的情緒の纏綿があり、存在深層の開顕がある」（井筒，1983）と発見したこととつながるのである。

　〈ものとこと〉という観点で「見る」意識と「眺める」意識を理解する試みは、この後の章で繰り返し出てくるであろう。ここでは、もの的世界を開いてこと的世界を現前させるあり方として、「眺める」という体験様式があるのだと指摘することにとどめて先へ進みたい。

1.5　観の目と「眺める」意識

　本節以降は、「眺める」意識に近い概念を取り上げ、それとの比較検討を通して、さらに「眺める」意識を精緻化していきたい。
　さて、わが国には「眺める」意識に近い概念がいくつか存在する。そのうち代表的なものが、「観の目」という考えである。これについては、清水博

の『生命知としての場の論理』(清水, 1996) に詳しいので、以下、それに沿って論じてみたい。

　この本は生命科学者の著者が、柳生新陰流の宗家である柳生延春氏に剣法の極意を聞きながら、それを新しい生命科学の視点から意味づけていくという興味深いものである。そこで清水は、「情報には対象化できる情報と、できない情報とがある」(清水, 1996) ことをまず述べる。そして剣の道では、特に対象化できない情報をとらえることが、生死を分ける立ち合いにおいてきわめて重要になってくるのではないかと指摘する。対して、柳生氏はいくつかある剣術の技を紹介していく中で、最終的に「観の目」と「見の目」ということを言う。「観の目」とは直感的に全体をつかむあり方であり、対して「見の目」とは物理的に見る、部分を見る、という見方であると言う。もともと「観の目」とは、宮本武蔵が『五輪書』で「兵法の専」であるとしたもので、「**観の目強く　見の目弱し　相手をうらやかに見るべし**」(細川忠利への覚書) と記したものから来ているとされる (谷沢, 2002)。先の〈ものとこと〉を援用するなら、清水らは、対象化できる情報＝も̇の̇をとらえる目が「見の目」であり、対象化できない情報 (私の体験) ＝こ̇と̇をとらえるのが「観の目」であると言っているのである。

　この「観の目」というあり方は、「眺める」意識に大変共通点が多い意識態度と考えられる。他方、「見の目」は本書で言うところの「見る」意識に対応していると考えることができるだろう。

　「観の目」は相手を視界に入れながら、鋭く焦点を当てるのではなく、ぼんやりと見るあり方である。「見の目」が、分節的に、細部を見るあり方であるのに対し、切断しないで全体を包み込むような見方というべきであろうか。そういう目は「**敵近づくとも　いか程も遠くに見る目**」だとされる (谷沢, 2002)。これは「眺める」意識の、焦点を合わせない、ぼんやりとした態度と同様である。むろん、単にぼんやりして、相手に切り殺されてしまったら意味がない。そこには Jung, C. G. が指摘したように、きちんと自我の関与が

なければならないのである。このあたりも、「眺める」意識が通常の意識状態とは異なりながらも、そこに自我の関与とクリアな領域があるという点において共通しているのである。

　興味深いのは、「観の目」が技術的なことにとどまらず、心理的なありようにまで通底していることを指摘している点である。宮本武蔵も「心が忙しいと観の目は得られない」と言ったという (谷沢，2002)。観の目は「(立ち合いの場であっても) のびのびとゆったりした状態から心の位を作っていかなければ得られないもの」と考えられているのである (清水, 1996)。これを柳生氏は、「観の目は心のリズムで見ること」だと言う。この点も、「眺める」意識が (単なるぼんやりではなく) もともと情趣や気分といった詩的状態を意味するものであったことと軌を一にしていると言えるだろう。

　ところで、小林秀雄にも「観」と「見」について対比的に考察した興味深い論考がある。そこで小林もまず、「見は分析的、知的に理解する目」であると言う (小林, 1949)。そして、「今日は、人々が争って『見の目』を強くするようになった時代である」(小林, 1949) ことを指摘している。なるほど、近現代は「見の目」を巧みに用いる者が優位となってきた時代と言えるだろう。一方、「観るといふ言葉には、もともと或る立場に頼って物を見るといふ事を強く否定する意味合いがある」(小林, 1949) と言う。観は「すっきり理解することをこばむ態度」だと言うのである。そのような態度は、効率を重視する現代ではあまり有用な態度とみなされないかもしれない。いずれにしても、これらは剣術における「見の目」「観の目」という考えとまったく同一の文脈のものと考えてよいだろう。さらに小林は一歩進んで、日本語の「観」に該当する英語が"vision"であるとし、"vision"の本意は神が見えるということであると言う。そこから「観は仏教者の根本の行為であり、体験で、キリスト教者にとっては祈りというものがそれに当たると考えてよかろう」(小林, 1949) とまで言うのである。少し表現を加えると、「観」や"vision"は、超越者に対するときの態度だと考えられるのである。これは井筒が、「『眺め

る』ことが即時存在との応答になる」（井筒，1983）と考えていたことと軌を一にするだろう。このような論も、「眺める」意識と「観の目」の親近性を示唆している。

　以上のように、井筒俊彦の着想した「眺める」意識は、剣法における「観の目」という概念と共通点が多いものであることが明らかである。両者の根底には「ぼんやりとさせる」ことの技術的な意義とそのベースにある心理的情緒的なものの重要性が、共に示唆されている。わが国においてこのような意識のあり方が価値のあるものとして残っている事実は大変興味深いことだと考えられる。

1.6　あきらめと「眺める」意識

　もう一つ、「眺める」意識を考える際に避けて通れない、わが国に特徴的な概念がある。それが「あきらめ」である。「あきらめ」という言葉は、「眺める」と「見る」を対比的に論じながら、互いの内実を明らかにするためのよい材料なのである。

　「あきらめ」についての語源的解釈と心理学的意義については大橋（2008）が従来の研究を概観してわかりやすいので、ここではそれに沿って考えを進めてみよう。

　「あきらめ」の動詞形は「あきらむ」である。「あきらむ」は『万葉集』の時代から用いられてきた息の長い言葉である。ただし遠藤（1983）によれば、「あきらむ」は、上代（奈良時代）から現代に至る間に非常に大きな意味の変遷があることがわかっている。もともと「あきらむ」という言葉は「明らかにして見る」という意であって、「見る」と結びついて、"よくわかる"、"心を晴らす"という意味で用いられていた。また「諦」という字も本来は"つまびらかにする"、"明らかにする"、そこから派生して"まこと"、"真理"といった意味をもつ。すなわち、「あきらめ」はもともと本書で用いている「見る」

意識の働きそのものであったのである。

　ところが、現代では、「あきらめる」という言葉は、むしろ「中止する」「断念する」というような意味として用いられている。そこには無力感や自棄のニュアンスも付け加わっている。さらに複雑なことには、わが国においては、あきらめは「やめる（give up）」「断念する（resign）」というネガティブな意味にとどまらず、「受容（accept）」や「許し（permit）」のようなポジティブな意味さえ含まれていることがわかってきているのである。

　ここが、わが国の「あきらめ」のもっとも重要で興味深い点であり、なおかつ、「あきらめ」が単に「見る」にとどまらず、「眺める」とも深いかかわりがあることの証左となるのである。

　実際、特にわが国の心理学的研究においては、「あきらめ」が決してネガティブな意味だけでなく、むしろポジティブな働きであることを論じたものが多い。大橋（2008）はわが国の過去の「あきらめ」に関する実証的・事例的研究を丁寧にまとめており、近年では「あきらめ」のネガティブなニュアンスだけでなく、そこにあるポジティブな働きにも注目した研究が増えてきていることを示している。さらに大橋は、中高年者200名を対象に、自由記述で、「あきらめなければならなかった出来事」「その時の心境」「現在の心境」をたずねた研究をしている（大橋，2009）。その結果、「現在の心境」をあらわす表現の中に相当程度肯定的な感情を示すものが見られたことを報告している。大橋（2009）によれば、それらは「懐かしさ」であったり、「成長につながった」という感謝や意味づけの変化であったりしたことが報告されている。

　実証的研究としては、菅沼・浦野（2016）の質問紙調査もよい例であろう。菅沼らは〈諦めることに対する認知尺度〉を作成し、その尺度内の各因子と精神的健康度の関係を検証している。そこでおよそ1,000人もの被験者に対して調査した結果、「有意味性認知」（諦めることで自分が次に進むことができる／諦めるとは今の自分をありのままに認めることである、などの項目で構成される）は精神的健康度と正の関連を示したことを明らかにした。これは「あきらめ」の中に精神的な健康に対してポジティブな働きがあることを十分に推測させる。

臨床場面の研究ではさらに例が豊富である。

　例えば、田嶌（1991）は学生相談の経験の中で、境界例の学生がさまざまな満足や失望を体験していく中で、特定の人が自分のニーズを完全に満たしてくれることはありえないことを体験的に知るというプロセスの重要性を指摘した。そして、他者に対して期待できるものとできないものとの区別がつき、「健全なあきらめ」「哀しいあきらめ」が起こり、その結果、「苦しみをひとりで抱えておける力」がついてくるのだという。

　また、内田（1992）の研究では、登校拒否の子をもつ親に心理療法的面接を実施した経験から、親が「操作的期待をあきらめる」ことによって、子どもが自然と学校に行くようになった事例を報告している。ここで「操作的期待」とは、相手に自分の思い通りになってほしいという期待をいう。親は当初、困惑と期待が入り混じって、子どもに操作的に働きかける。その後、行き詰まり（息詰まり）の状態を過ぎると、操作的期待をせずに子どもを見られるようになり、「子どもに任せる」といった発言が見られるようになったという。この内田の言う「あきらめ」も、断念・自棄ではなく、受容・許しといった肯定的な意味合いを込めたものである。

　このような「あきらめ」に関する臨床的意義を強調する論は、実はわが国ではきわめて多い。精神分析家の北山修は、「あきらめたと言う人はあきらめてはいないし、あきらめないぞと言う人も半分あきらめている」こと、半分あきらめ半分あきらめていないという「あきらめ半分」を理解することが、臨床場面において非常に重要であると指摘している（北山, 2001）。また、松岡（2006）はあきらめの心理的意義について、「ただ悲しみを乗り越えようとするのではなく、どうしようもない（仕方ない）ことを知り、心から悲しむところに私たちはこころの安定を見出すことができる。それは晴れない思いをいかに抱えていくか、という課題でもある」という。これらの言葉は臨床的にはまったくその通りだと感じられる。おそらくこれは「あきらめ」を美意識としても捉える日本人の心性（九鬼, 1930）も大きく関係しているのであろう。

　これらの研究・論考は、日本人にとって「あきらめ」が単なる resign とい

うより、適応的意義をもつ permit に近いものであることを示している。わが国の「あきらめ」に関する研究を概観すると、「あきらめ」という概念は「明らかにする」＝「見る」という意味よりも、（哀しみを伴った）ある情緒を表現する言葉となっていることがわかるのである。少し表現を加えると、ある困難な問題に直面したときに、そしてそれがどうにもならないとなったときの一つの生きる術として、それ以上の追求を（はっきりさせることを）やめ、そこにたたずんで、そのことを眺める態度のことを「あきらめ」と呼んでいるようなのである。このような点はまさに、折口 (1996) が「眺（なが）む」には「なげく」の意が包含されているとした指摘とも通ずるものがあると思われる。

　「あきらめ」の意味の変遷と、「あきらめ」に関する臨床心理学的研究を概観してわかるのは、「あきらめ」は「見る」意識から発展しながら、わが国においては〈分離・明確化〉にとどまらず情緒的な意味を帯び、「眺める」意識に近づいているということである。そのことによって「あきらめ」は他の国にはないわが国独自の言葉となった。「あきらめ」の意味の幅広さは、「見る」だけを唯一絶対の解決法とせず、「眺める」ことをよく保持する日本人の心性を考慮に入れたときにはじめて納得できるのである。

＊

　本章では、まず井筒俊彦の定義に従いながら「眺める」意識を理解しようとしてきた。特に、「見る」意識と対比させることによってその内実が少しずつ明らかになってきたと思われる。

　「眺める」意識は、単に通常の意識の劣った形式ではなく、〈存在〉へのわが国独自の到達方法としてあった。それは「分離し、はっきりさせる」という意識態度ではないが、精神科の診断レベルでいう混濁やもうろう状態などとはまったく異なるものである。むしろある面ではぼんやりした状態とクリアな状態とを同時的に保持しているような不思議な状態と言えよう。別の角度から言えば、「見る」意識が square な意識であるとすれば、「眺める」意識は oblique な（遠まわしな／間接的な／斜めからの）意識と呼ぶことができるもの

である。筆者は、この考えを心理臨床の文脈において大きくふくらませて論じてみたい。論考の先には、〈心理療法における意識の役割〉について新しい領域が開けてくるのではないかと予感する。これについては、第4章以降で詳しく検証していくことになろう。

第2章
和歌の中の「眺め」

　「眺める」意識を最初に論じた井筒俊彦の関心は、『新古今和歌集』にあった。したがって、和歌の中に「眺め」がどのように詠み込まれているかについて確認し、「眺める」意識の実相について、さらにイメージを膨らませておきたいと思う。

2.1　『古今和歌集』から『新古今和歌集』に至る「眺め」

　少し遠回りなようだが、わが国の和歌の展開についておさえておきたい。7世紀後半に現存する最古の和歌集である『万葉集』が編まれた後は、わが国では漢詩文に押されて和歌は一時衰退した。その後、和歌があらためてひろく定着したのは、9世紀頃といわれるひらがなの成立が大きく影響したことは明らかである。例えば、「まつ」というひらがなによって「松」と「待つ」など同音異義語が表現できるようになり、それによって自然の風景の描写に人の行動や心情を重ねる技法、すなわち掛詞が発見されたことが、特に大きな要因となったのである。「ながめ」はその掛詞の代表的なものである。

　さて、上のようなことを踏まえて、「ながめ」の変遷をみてみよう。
　白川静によれば、古来わが国には、梅雨時の長雨のときに「雨季禁み」す

る習俗があり、ここから転じて「長雨＝ながめ」は禁欲時のもの思いにふける意となったという（白川, 2000）。「もの思い」の特徴については前章で少し触れたところである。

　その禁欲的もの思いは、自然な流れとして次第に異性を想う心情へと結びついていった。

　　花の色は　うつりにけりないたづらに　わが身世にふるながめせしまに
　　　　　　　　　　　　　　　　　　　　　　　　　　　　　　（小野小町）

　　起きもせず　寝もせで夜をあかしては　春のものとてながめ暮らしつ
　　　　　　　　　　　　　　　　　　　　　　　（『伊勢物語』：在原業平朝臣）

　小野小町の歌は、花に自身を投影し、もの思い（眺め）をしている間に盛りの頃を過ぎてしまった（古・経る）という恋慕の情を詠んだものである。また、在原業平の歌は、忍んで会いに行った女性へ送った恋歌と言われる。「起きているでもなく、寝るのでもなく、夜を明かして、春らしい雨をぼんやりと眺めて過ごしてしまいました」という一種のラブレターである。ともに「ながめ」は「（春の）長雨」とかけられている。いずれにしても、『古今和歌集』の時代までは、「眺め」は、折口信夫が読み解いたように「春の長雨期の男女間のもの忌につながる淡い性欲的気分でのもの思い」（折口, 1990）をあらわしていたことがわかる。

　これが『新古今和歌集』のものを探してみると、少し様相が変わってくる。

　　もの思はで　かかる露やは袖に置く　ながめてけりな秋の夕暮
　　　　　　　　　　　　　　　　　　　　　　　　　　　　（前大僧正慈円）

　　ながめつる　けふは昔になりぬとも　軒端の梅はわれを忘るな
　　　　　　　　　　　　　　　　　　　　　　　　　　　　（式子内親王）

つくづくと　春のながめのさびしきは　しのぶに伝う軒の玉水

(大僧正行慶)

　男女間の気分ということから離れて、かつ何かを具体的に志向する方向さえも消えて、非常に感覚的・抽象的な態度を表現しているような印象を受ける。そこには、胸を締めつけるような、せつない情趣だけが残されているような心持がする。「眺め」は「見ることで本質が明らかになってしまうことを避ける効果」があり、「そこに詩的情緒の纏綿があり、存在深層の開顕がある」のである(井筒, 1983)。ここにきて、「眺め」は情事を示す一語に留まらない、存在論的な意味を有するようになったのである(若松, 2011)。

　ちなみに、久保田(2012)の訳本では、「ながめ」(ながむ、を含む)に関する和歌は、『新古今和歌集』全1978歌中に60歌ある。これは、述語の中では相当多く使われている表現と言えるだろう。景物が互いに融けあい、はっきりとした境界が消え去った幻想的な世界観、審美的雰囲気は、『新古今和歌集』の特徴としてしばしば語られるところだが、「眺め」はその特徴をもっともよく体現している表現のように感じられる。

　ここで一つ興味深い論文を取り上げよう。趙青(2005)は和歌と唐詩の比較から「遠近感をなくす表現」が和歌には特徴的であることを指摘している。特に、趙は和歌が屏風絵の賛として書かれたことに注目し、両者に密接な関係があると考えた。屏風絵は遠景と近景が平板であるから、和歌も必然的に遠近感をなくすような表現が好まれたのだろうと推測したのである。そして趙は、「眺め」はその「遠近感をなくす」ような和歌の世界にもっとも適した表現だと言うのである。

　趙(2005)は「一首全体にぼんやりとした感覚を充満させてそれを美しいと見る表現は、唐詩ではほとんど見つからない」と述べ、それは「はっきりとしない視界の中で何かを見つけ、秩序づけようとする分析的な中国詩人に対して、日本の歌人は朦朧とした世界そのものを美としてとらえ、その中に自身も包まれることを好む」からではないかと考察している。これはわが国以

外の歌表現と比較しているという点で、「眺め」をとらえるときに示唆的な考察と思われる。

　ところで、白川静は『初期万葉論』(白川, 2002)において、前期万葉の時代は古代的な自然観の支配する時期であり、人々の意識は自然と融即的な関係のうちにあったことを指摘し、「自然との交渉の最も直接的な方法は、それを対象として『見る』ことであった」と述べている。生命力に充ちた自然の姿は、山河のたたずまいにせよ、生い茂る草木にせよ、ときには空に流れる雲の姿さえも、すべてそれを「見る」ことによって、その内的生命にふれ、その生命にかかわりあうものとされたのである(白川, 2002)。
　このようなことから、白川(2002)は、『万葉集』の時代ではそもそも「見る」という動詞も単にものが見えるということではなく、相手に働きかけ、融けあおうとしている、すなわち内的交渉をもとうとしている態度であると言い、それが歌に出ているのだと言っている。山本(2004)も、『万葉集』には「見れど飽かぬ」といった定型句をもってうたわれる歌がよく見られるが、それらの歌はみな、「見る」ことによって、その川や海や空など自然の生態に対して霊的に働きかけることを主旨としていたのだと述べている。国ぼめや国見の歌はその典型とされる。しかし、その後時代的推移の中で「見る」の霊的交渉のニュアンスは消え、衰退したと考えられている。わが国では、このような経緯から「見る」は現在用いられているような「物理的に見る」(木村敏の言う「ものを見る」)というだけの意味になってしまった。
　評論家の若松英輔はそのような文脈を読み解き、見るのニュアンスの変化には、古来の意味における「見る」の衰退と「眺め」の出現が関係しているのではないかと指摘する。しかも「それは単に言葉の流行といった問題ではない。世界認識の土台を揺るがすような変貌、井筒の言葉を借りれば『存在』への接近と対峙において大きな変革が起こったことが暗示されている」と考えることができるのである(若松, 2011)。
　いずれにしても、和歌の中の「眺め」からわかるのは、何を眺めているか

ではなく、眺めている主体のうちに起こる情趣に焦点が当たっているということである。「眺め」とは「もの思い」であるから、特定の対象への関心よりも、もの思う意識それ自身への自覚が重要なのである。したがって「眺める」という動詞は「何を」と問うては、実はいけないのではないかとさえ考えられる。「眺める」対象は本当は何でもよいのではないだろうか。雨でも月でも、山でも海でも。かつ、何でもよいとはいえ、何かに接しないと起こらないという意味で、インタラクティブなものでもある。井筒はこの相互交渉的な詩的意識を「眺め」の意識と呼んだのである。

＊

さて、井筒 (1983) は「眺める」意識を「事物の『本質』的規定性を朦朧化して、そこに現成する茫漠たる情趣空間の中に存在の深みを感得しようとする意識主体的態度」であると定義した。ただし井筒 (1983) は、「眺める」意識は「事物のマーヒーヤー (普遍的本質) を否定するものではない」「むしろ肯定するからこそぼやかそうとするものである」とも言っている。

ここで「本質」とは何か、をもう一度確認しておいた方がよいだろう。

前章で「本質とは、存在をして或るものならしめる力 (規定性)」をもつものと述べた (p.19)。すなわち「ある事象が、それであることを決定される働き」(若松, 2011) が本質である。井筒はそれを「花を花たらしめているもの」(井筒, 1983) と平易に言い換えている。このような意味での「本質」という考えは、Jung, C. G. のいう「元型」に近くなる。井筒もこれは承知しており、「『元型』は『本質』である」と言い、しかし「(元型は) それが深層意識に、『想像的』イメージとして自己を開示する『本質』であることに特徴がある」と明確に述べている (井筒, 1983)。「個々の事物を個々の事物としてでなく、その『元型』において把握するということは、事物をその存在根源的『本質』において見るということにほかならない」(井筒, 1983) のである。

第1章で触れたが、大変不思議なことに、かつての日本人はそのような本質的規定性によって明確に分離された〈意味〉の充満する世界に飽き足らなくなったようなのである。つまり「春は春、花は花、恋は恋、というふうに」歌

うだけでは満足できなくなったのである。「本質」の顕れに素直なのはよいが、それではあまりに輪郭が明確で、つまらないではないかと言わんばかりに。

「眺め」はその「本質」を肯定しながら消去する手段として発展してきたのである。

「眺め」は本質の規定性を突破する試みであり、そこにかえって存在論的な意味が起こってくる（若松, 2011）。そこを歌おうとし始めたのである。「『眺め』は存在との即時応答である」という謂はここにある。「眺め」はきわめてユニークで、実存的な、世界へのアプローチの一つなのである。井筒が、「眺め」には本質が明らかになってしまうことを避ける効果があり、そこに詩的情緒の纏綿があり、存在深層の開顕があると言ったことがよくわかる。

性的なもの思いから大きく飛躍して、「眺め」はここにきて一種の世界への関わり方をあらわす言葉となったのである。

*

『新古今和歌集』の成立した鎌倉前期は、平安的な成熟を超えて、禅宗や浄土宗などの新仏教が興り、また『平家物語』や『徒然草』に「無常観」と呼ばれる思想があらわれるなど、その後のわが国の文化を特徴づける動きが出てきた時代でもある。和歌の中の「眺め」の意味合いが変わってきたのも、そのような時代背景が関係していることが推測される。このような検討についても心理学的な意義があると考えられるが、本書の直接の目的ではないので、今後の課題としておきたい。

2.2 「眺め」と「あくがれ」

「あくがれ」という古語がある。あくがれはあくがるの名詞形で、あくがるは言うまでもなく「憧る」ということで、現在では「心ひかれる」「恋焦がれる」という程度のものである。ところが、古代では、①『魂が肉体から離れ抜け出すこと（かるは「離る」の意）』、②『ふらふらとさまよい歩くこと』、③『何かに心奪われて、ぼんやりすること』（前田（監修），2005）を意味していた。

③の定義などは、ほとんど「眺め」の状態そのものと言ってもよいものである。「あくがれ」は、これまで述べてきた特殊な意識状態としての「眺める」意識をよく説明する言葉と考えられるのである。したがって「あくがれ」と「眺め」の関係についても、和歌の中に見ていきながら、続けて「眺める」意識の特徴を描き出していきたい。

> もの思へば　沢の蛍も我が身より　あくがれ出づる魂かとぞみる
> 　　　　　　　　　　　　　　　　　　　　　　　　　　（和泉式部）

これも有名な歌である。この歌の詠み手は蛍を見ているが、蛍に厳しく焦点を合わせてはいない。むしろその背景にあるものに思いを巡らせている。すなわち「もの思い」である。それこそがこの歌のテーマでもある。「眺め」が、あえておぼめかすことで対象の背景にある存在を情緒的に感じ取ろうとするのに似ている。「あくがれ」はこのように「もの思い」から導かれる状態を示す表現であり、その点で「眺め」と通底するのである。

また「あくがれ」が〈何か〉を見て、それをきっかけとして起こるという点でも「眺める」意識と近いと考えられる。和歌においては特に「月を見て」というのが多いようである。月から生じた「あくがれ」の歌の心情は山田（2008）に詳しいが、ここでは例を挙げるだけにしておこう。

> 秋の夜の　月に心のあくがれて　雲居にものを想ふ頃かな
> 　　　　　　　　　　　　　　　　　　　　　　　　　（花山院）

> 月にだに　あくがれはつる秋の夜の　心残さぬまつの風かな
> 　　　　　　　　　　　　　　　　　　　　　　　　　（俊成女）

このような前提を踏まえて、「眺め」と「あくがれ」の直接の関係を見てみよう。次の和歌は「月」と「眺め」と「あくがれ」が同時に出て、典型的なも

のと言えよう。

　　ながむれど　月に心のなぐさまで　雲居にのみもあくがるるかな
　　　　　　　　　　　　　　　　　　　　　　　　　　　　（大江匡房）

　　ながめわび　あくがれたちぬ我が心　秋にかなしき月の夜な夜な
　　　　　　　　　　　　　　　　　　　　　　　　　　　　（章義門院）

　大江匡房の歌は「月を眺めているけれど気は晴れない。心は雲のあるあたりにさまよっているよ」といった意である。章義門院の歌は、「じっと眺めてばかりはいられなくなって、私の心は空へとさまよい出てしまったよ。せつない月の輝く夜はいつも」というほどの意味である。
　これらの歌から「眺め」と「あくがれ」の親近性があきらかである。具体的には〈もの思い〉の実質的状態が「あくがれ」で、それを導く方法的態度が「眺め」と考えることができるのではなかろうか。「眺める」意識とは、単にぼんやりさせるということではなく、「あくがれ」によって示唆される、世界を詩的感覚によってとらえ直すことができる能力なのである。その詩的な意識は、明確な意識でありつつも、この身から魂が離れていってしまうような状態でもあるのである。そしてやはり面白いのは、「魂が肉体から抜け出る」という状態を古代の人が重視していたということである。現代的な感覚ではそのような意識を意識とすることは到底認められないであろう。
　以上のように、「あくがれ」は、一般的な意識の機能とは異なる「眺める」意識独特の特徴を理解する手がかりとなると考えられる。古代の人は「あくがれ」のような心理的状態を価値ある状態として大切にしていたからこそ、「眺める」意識も発達したのだと推測できるのである。

2.3 〈あちら〉の世界へのかかわり方としての「眺め」

　筆者は和歌における「眺め」について調べていくうちに、ある特徴的なことに気がついた。それは、「眺め」が今現在の眼前の世界のことを歌っているだけなく、むしろ未来や彼岸など〈あちら〉の世界を想像して歌っているものに多いということであった。

　例えば、次のような歌である。

　　見ぬ世まで　思い残さぬ眺めより　昔に霞む春の曙

（九条良経）

　見ぬ世というのは未生以前ということだが、これを論じた塚本（1981）は「そのように意味の辣韮の皮をむいていったならこの歌は何も残さない」「このまま読んでいて良経の思いの深さに瞼が熱くなる」、そういう歌だとして高く評価している。

　　思いやる　心やかねてながむらん　まだ見ぬ花の面影にたつ

（鴨長明）

　この歌に至っては、現実には見てもない花を思って、前もって眺めているのだろうかという意味である。「眺め」と「見る」を対比して、大変面白いと感じられる。

　同時代の優れた歌人である西行にも「眺め」を詠み込んだ歌は多い。西行は特に〈あちら〉を意識して「眺め」を使用しているものが目立つように思われる。

　　いかで我　この世のほかの思ひいでに　風をいとはで花をながめむ

（西行）

この歌は、「どうすれば来世へ持ってゆく思い出として、風の心配をせずに心ゆくまで桜の花を眺められるのだろうか」というもので、〈あちら〉の世界へのかかわりとしての「眺め」である。

　ながむとて　花にもいたくなれぬれば　散る別れこそ悲しかりけれ
（西行）

この歌も、「じっとながめてもの思いに耽るものとしての花にもひどく馴染んでしまったので、散る時の別れが一層悲しい」という意で、やはり今現在のことよりも、まだ見ぬ先のことを思い描いている歌であって、鴨長明の

　思いやる　心やかねてながむらん　まだ見ぬ花の面影にたつ

にも似た歌と言えよう。

　これら「眺め」の場合、明らかに眼前の対象そのものではなく、その背景（井筒の言葉で言えば存在）へ焦点が当たっていることがわかる。若松（2011）も井筒の「眺め」意識の理解として、「例えば、月を『眺める』とは、単に月を視界に入れることではなく、月を入口に、月が現象しているこの次元、現象界の彼方を『見る』ことだった」と論じている。

　これらの和歌の特徴を考えると、井筒が「花が存在するのではない。存在が花すると言わねばならない」（井筒, 1983）というときの、〈存在〉の方へ焦点を当てる仕方として「眺め」を充てることができると思う。まさにこの特徴によって、「眺め」は、情事を示す一語に留まらない、存在論的な意味を有するようになったのである。「眺めは一種独特な存在体験、世界に対する一種独特な関わりなのである」と井筒が言う真意は、このような〈あちら〉の世界へのアプローチとして「眺め」があると考えると、よく理解できるのである。

実はこのような「眺め」の使われ方は、『新古今和歌集』をもっとも特徴づける点と考えられている。白洲正子は『古今和歌集』の撰者である紀貫之と『新古今和歌集』の式子内親王を比較しながら、「同じ桜の歌を歌っても、貫之のそれには散った花が風に舞い上がって、大空に白波の立つ様が目に浮かぶが、式子内親王の花には実体がない。別言すれば、抽象的な花だということができよう」と言う(白洲, 1997)。それがまた「よさ」なのだと。そして、『新古今和歌集』の特徴とは「現実にはある筈もない」ことを詠んでいる点にあり、上の句と下の句の間にイマジネーションの飛躍があることを明らかにした。『万葉集』から『古今和歌集』に至る伝統的な流れから、ここに来て、新しい歌の境地が開けたとさえ言えるのである(白洲, 1997)。すなわち、〈あちら〉の世界へのかかわり方としての「眺め」は、「現実にはある筈もない」ことを歌う新古今の特徴をもっともよく体現する表現と考えられるのである。

　ところで、西行の歌でもっとも有名なものは、

　　何事の　おはしますかは知らねども　かたじけなさに涙こぼるる

であろうか。これは例えば、熱心なキリスト教者にとっては到底承服できない内容だと考えられるが、わが国では間違いなく名歌の一つだろう。
　この歌も「眺める」意識の文脈でとらえると理解しやすくなってくるように思われる。すなわち、〈あちら〉に何がいるか、そういうことを明らかにする方向より、「涙こぼるる」という情趣の方を重視するあり方。それはまさに「眺める」意識そのものだと言えるのではないだろうか。実際白洲(1996)はここに西行の信仰を見ると言い、「西行は、天台、真言、修験道、賀茂、住吉、伊勢、熊野など、雑多な宗教の世界を遍歴したが、『かたじけなさの涙こぼるる』ことだけが主体で、相手の何たるかを問わなかった」のだと言っている。これは第1章(p.27)において「観」が仏教者の根本行為で、超越者に対する態度であるとした小林秀雄の論を思い出してもよかろう。

現代においてさえこのような歌への共感が強いことを考えると、日本人の宗教心を形作っているものは実は「眺める」意識なのかもしれないとさえ思われる。この問題については、あらためて別稿にゆずりたい。

2.4 「眺め」は他者の心を動かすことによってはじめて完結する

　劇作家の山崎正和が和歌について書いている評論の中で大変示唆的なことを述べている（山崎, 2008）。それは「わが国の芸術表現は、どのようなものであっても根本に他者を想定して作られるものであり」「西洋の芸術表現が、神との関係で、その美しさ自体を讃えることで完結し、他者への波及は二次的なものと考えているのと対照的である」ということである（山崎, 2008）。言い換えれば、西洋の芸術表現は神と人間の間で完結し、それが副次的に他人へと伝達されるのだが、日本では、芸術はあくまで自分と他人との人間関係に置かれてはじめて完結するというのである。

　山崎（2008）はこれを和歌にも当てはめる。和歌が描いている世界もまた、主として個人の細やかな心理とその伝達と言っていい。歌に込められた機微は、静寂な雨、深遠な月、広大な海などに触れたことが契機となって引き起こされたものだが、日本人においては決してヌミノーゼ（numinosité）というような感情ではない。歌は神や英雄をたたえているのではなくて、あくまで個人的感慨の共感を求めてなされているのである。ここから山崎（2008）は、和歌というのは一見自然の風景に感激して作られているように見えながら、「他者の心を動かしてはじめて成立するもの」だと言う。これは非常にユニークな指摘であり、的を射ている。

　よく考えれば、和歌は歌合で披露したり、歌集に収められることを前提としているので、たしかにその通りと思われる。和歌は孤独な歌人がひそかに作るものではない。それは、山崎によれば「洗練された会話」なのだ。山崎は、そのような民族は日本人以外ほとんど見られないと言う。すなわち、あまりにドメスティックなのが日本の文学なのである（山崎, 2008）。

> ながめつつ　またばと思ふ雲の色を　たが夕ぐれと君たのむらん
> （『玉葉和歌集』：藤原定家）

　この歌は「眺めながらあなたのことを待ちたいものだ。そんなふうに思う美しい雲の色なのに」といった意だが、単なるセンチメンタルとは言えない哀切な心情が感じ取れる。なおかつ、明らかにその「眺め」は他者に共有されることを求めていることが伝わってくるのである。

　以上のことから、和歌の中に頻繁にあらわれる「眺め」も、もともとはそこに起こる言語化しづらい情趣を他者に理解してもらうことをあてにして成立しているということを想定してよいと思う。これは、見逃してはならない重要なポイントであると考える。
　上記のことは「眺める」意識を心理臨床場面に置いたとき非常に重要な論点になる可能性がある。例えば、クライエントは「眺める」意識によって微妙な〈何か〉を獲得したかもしれないが、それをセラピストにわかってもらえていることが前提となっているというロジックが成り立つのかもしれないということである。これは箱庭療法のクライエント—セラピスト関係を考えると、納得がいくような感じがある。これらの点についても続く第4章以下で事例によって詳しく検証することとなろう。

*

　ここまで、「眺める」意識のもととなった和歌に触れながら、その言葉の豊かな意味内包について明らかにしてきた。その過程で、「眺める」意識の、井筒俊彦が触れていないいくつかの特徴についても描き出すことができた。「眺める」意識は、本質規定的な世界を突破する試みであり、きわめて繊細な存在への直接的なアプローチであった。加えてそれは、〈あちら〉の世界に引きつけられる「あくがれ」であり、かつ、他者に共感されてはじめて成立するものだったのである。
　そのような視点も加えて、「眺める」意識を当初の井筒の定義から拡大し

ながら後の論を進めてみたい。

第3章
石と「眺める」意識

　前章で「眺める」意識の定義と、それが実際どのような意識態度であるかについて和歌を題材にして示してきた。「眺める」意識のもつ独特の意味合いも徐々に明らかになってきたと思われる。しかし、「眺める」意識の本来のあり方が大変感覚的なものである以上、まだ十分ではないかもしれない。別の切り口から迫る必要もあろう。

　印象に残っているエピソードから始めたい。
　タカオさん（仮名）は60代の男性で、20代後半に統合失調症を発症し、長期の入院の後、リハビリを始めたところだった。筆者はタカオさんの通う保健所のデイケアでグループワーカーとしてお会いしていた。タカオさんは普段、来所するだけで大変という状況で、来ても、ほとんど他のメンバーとは話をされず、帰りの時間を気にして、つらそうな様子が多い方であった。
　タカオさんは物理的にも、心理的にも、奥さんを頼りにされていた。しかし、奥さんは病気を得たタカオさんを負担に感じ、家庭では突き放すような言動が増え、時には手が出てしまうようになっていた。
　ある日のデイケアで、〈好きなもの紹介〉というプログラムがあった。これは参加者が好きなものや趣味、こだわりなどを紹介しながら話すというものである。他のメンバーがお気に入りのCDや本を紹介する中、タカオさん

の順番になった。タカオさんは最初なかなか言葉が出ない様子だったが、メンバーからの励ましでお話され始めた。

　それは「石」をめぐる物語であった。タカオさんは何の変哲もない石を一つ取り出して簡潔に次のような話をした。石は20年以上前に奥さんと北海道へ旅行に行ったときに拾ってきたものである。また、その石を家に飾って、いつも眺めているのだと。メンバーが「何か特別な金属が含まれているような石?」と聞くと、別にそうではなく、十勝石というありふれた石であると言っていた。

　実はタカオさんの石集めは有名であり、メンバーはそれを知っていて、毎年同じプログラムのときに、上手に質問して、お話を引き出してくれていたのだった。タカオさんと他のメンバーとの積極的なかかわりのほとんど唯一のものとして大事にされてきたのである。このときは質問に答える形ではあったものの、(普段はほとんど自ら語ることのないタカオさんが)それを語るときの生き生きした様子が印象的であった。

　石は、タカオさんが今では遠出が難しくなってきていることを考えると、病気が悪化する前の大切な思い出かもしれないと推測された。特に奥さんとの良い思い出につながるものであったろう。

　石には「どこにでも転がっているもの」「誰にも相手にされないもの」「固くて冷たいもの」「融通が利かないもの」というネガティブなイメージがあるが、一方で、「貴重なもの」「安定しているもの」といったポジティブなイメージもわずかにひそんでいる(蟹澤, 2010)。極言すれば、von Franz, M. L. の言うように石は「無機物でありながら永遠の生を感じさせる」(Jung, et al., 1964)特別なイメージをもつものなのである。日本人は特にそのポジティブなイメージの方に非常に敏感であるように思われる。タカオさんの、石を大切に保管しておくという心情は、単に旅行の思い出ということを超えて、形が変わらないという石のもつ「不変性」のイメージ(Kaplan, 2007)や大地に根を下ろした「根源性」「安定性」などのポジティブなイメージ(久門, 1990)が非常に大切な意味をもっていたと考えることもできるのである。

しかし、それにもまして筆者が重要だと感じたのは、タカオさんがその石を「いつも眺めている」という、そのことだった。

筆者は、タカオさんにとって石それ自体が重要であったというより、「眺める」という行為がより大きな意味をもっていたのではないかと考えた。でなければ、何の変哲もない石を二十年来眺めるということは納得しづらいはずである。和歌において見てきたように、「眺め」には胸を締めつけるようなせつない情趣を引き起こす働きがある。すなわち、石を媒介にした「眺め」がタカオさんを深いところで支えてきたのではないだろうか。「眺める」意識にともなう深い存在体験(井筒, 1983)こそ重要だったのである。タカオさんが川原で拾ったこぶし大の石を大切にしていたのは、石が「眺める」のに最適だったからだと考える方が自然ではないか。これが旅行のおみやげであったり、記念写真であったりしたら、「眺める」という行為の純粋性は減じてしまうように思う。

上記のようなエピソードから始めたのは、石と「眺める」意識との間に非常に密接な関係があることを示したいためである。以下、日本人の石に対するかかわり方を丁寧に検証していくことで、「眺める」意識の特徴をさらに描き出していきたい。

3.1 日本人にとっての石

　　石の眠は深くして、花落つれども、ただ、しづか
　　摩りつおもふ、石の夢、ほのむらさきの土の底
　　石としたしむ、ひぐれどき、生と無生のへだたりに
　　こころ音なく沈むとき

(西條八十「石」[西條, 2005])

この詩にもあるように、日本人は石に対する特別な愛着をもっているように思われる。それは西洋人の石に対する意識と対照的であると言われる。例えば、西洋で石は加工して使われる材料であるのに対して、日本人にとって石はその自然の形を愛でる美の対象である。「雨に濡れた石を美しいと思う」ような美的感性は、日本人ならではのものであろう。しかも、これは決して過去の感性ではなく、つげ義春の『無能の人』(つげ, 1987) などにも描かれ、現在でも十分共感を呼ぶ感覚なのである。

　もちろん石に美的関心を寄せたのは日本人に限ったことではない。例えば、遊びを構造的に分析して有名なCaillois, R. は、石の写真集とも言える本を出版し、その中で石の美しさについて下のように言っている。

> 石は人間が感じ、喜び、つくり出すことを誇りとする美に先だって、もっと広くゆきわたった、普遍的な美が存在するという事実を、いかにへだてられ、妨げられていようとも、たえず思い出させる声、ひそかで、ききとりにくい声なのである。
>
> (Caillois, 1970 / 1975)

　ただし、Caillois, R. にとって興味があったのは宝石のような「特別な石」であったのに対し、日本人の石への関心は、より素朴な、ありふれた石であることが特徴的である。石庭や盆石で使われている石を思い浮かべてもらえば、この点すぐに納得してもらえるだろう。

　唐木順三はこの日本人の感性について次のように説明した。唐木は、存在としての石を存在のまま生かしたのは、室町時代あたりに始まるのではないかと言い、この時代は同時に「さび」という観念が出てきたときであることを指摘する (唐木, 1990)。その頃に生まれた「存在が存在として、すなわち人工の技巧や思惑を加えることなしに、そのままに美しいという思想」(唐木, 1990)、それが自然石をいまだに愛好する気持ちのベースにあるのではないかと論じている。

しかし、日本人の石に対する態度は美的感性からだけでは十分説明できない。そこには宗教的視点からの理解がどうしても必要になってくるだろう。

　折口信夫は日本各地の言い伝え、宗教的行為を考察する中で、日本人のもっともプリミティヴな信仰の対象は石であったと考えた（折口，1990）。近年でも、五来重が精密なフィールドワークによって、わが国が近代国家ではめずらしく自然宗教・原始宗教であり、その根底には「磐座」「道祖神」「賽の河原」など石への信仰が力強く横たわっていることを明らかにしている（五来，2007）。

　折口によれば、古来、霊魂のことを「たま」と呼び、そこから「たま」の入っているもの（石）を「たま」と呼ぶようになったと言う[注2]。いわば「神さまなる力をば留めておくところが、石」（折口，1990）であり、したがって、たまの所在として石を祀ることはごく自然ななりゆきであった。ここから、神体としての石（例：石神や磐座）や道祖神信仰などが理解できる。さらに重さの変化で吉兆を占う石や、地震を起こす大なまずを押さえるための要石なども考察に入ってくるだろう。また、石には神なる力が宿っているため、石が卵を生む話や、石が成長する話なども同様に理解できるのである。

　[図3]は京都の下賀茂神社に祀られている「さざれ石」である。これは小さな石が年とともに成長し岩になったと信じられているものである。この石は、霊魂が成長する様子を象徴するものとして神性を付与され、「君が代」の中に歌われている。

　[図4]は京都の鞍馬寺の「翔雲臺」と呼ばれる場所で、鞍馬寺の本尊がここに降臨したと言い伝えられ、そこに石が祀られているものである。

　またわが国では、道の辻に素朴な石を立てただけの「道祖神」（[図5]）もよく見かけることができる。これは"神なる力"によって道から悪しきものが

註2）余談であるが、折口（1995）によれば本来「たま」は抽象的な存在を意味したが、いつしか具体的なもの、即ち「たまのしんぼる」だった石のほうが「たま」と呼ばれるにつれ、抽象的なものの方は「たましひ」と表現されるようになったのだと言う。

［図3］さざれ石（下賀茂神社）

［図4］翔雲臺（鞍馬寺）

［図5］道祖神（奈良県）

侵入するのを防ぐ意味があると言われている。このような石は日本各地に存在して枚挙にいとまがない。

ところで、柳田國男は有名な『石神問答』(柳田, 1910)の中で、わが国に石を祀っている神社の非常に多いことを指摘した。以来、柳田を嚆矢とする石神に関する研究は数多く存在し、フィールドワークも多くなされている。

その中で丸石神に着目し、論じた一連の研究に中沢新一のものがある。中沢 (1980) は山梨県の丸石神に関するフィールドワークを行う中で、石のもつイメージの (他の物体とは明らかに違う) 特殊性を見出している。

　　丸石神は何もしない。それなのに、このあたりの人はいまでも丸石神の在る場所をきれいに整えて、小正月になるとドンド焼きのお祭りをしている。この神様は、「表象のゼロ度」に輝いている。なにもしないし、なにも意味しない。しかし、このあたりの人びとにとっては、その存在がとても気にかかる神様なのである。

　　　　　　　　　　　　　　　　　　　　　　　　　　　　　（中沢, 1999）

　　石が日本文化のなかで、象徴的エネルギーを解放する重要なメディアの一つとなってきたことは確かだ。
　　しかし、いざ石がよびさます感動を正確な言葉でとらえようとすると、わたしたちは打ち勝ちがたい困難に出会うのも、また事実である。その感動といおうかその感覚は身体を通り抜けていくヴァイブレーションのようなものとして、もともと言葉の構造とは相いれない異質な体験の層に属しているので、わたしたちにせいぜいできることといったら適切な修飾語、適切な隠喩をみつけることぐらいなのかもしれない。そのため、石との交感の場は、同時に言葉＝意味的なものとのせめぎあいの場となってきた。

　　　　　　　　　　　　　　　　　　　　　　　　　　　　　（中沢, 1980）

このような論述を読むと、宗教的な観点から見た日本人の石に対する態度が、理論立った特定の信仰や、あるいはヌミノーゼ（numinosité）という表現でもカバーできないようなきわめて複雑精妙で、言語化困難なものであることがわかる。

いずれにしても日本人にとって、美的に、または宗教的に、石の存在が大変重要であったことは疑いを容れない。われわれは石というものを常に愛好し、身近に感じて生きてきたのである。

3.2　置かれた石と「眺める」意識

このような日本人の石に対するイメージの多様性やそれへの態度は、日本の庭における「石」表現に具体的に見ることができる。

京都の大覚寺の庭園は、わが国でもっとも古い庭園の一つと言われるが、西行はそこにある石に着目して下のような歌を詠んだと言われている。

（大覚寺の金岡が立てたたる石を見て）
庭の石に　目立つる人もなからまし　廉ある様に立てしおかずば

これは「庭石をひと癖ありげに立てて置かなかったならば、誰も注目する人はいなかったであろう」という歌である。それほど庭における石の存在は大きかったのである。事実、今から600年以上前のわが国最古の造園術の書とされる『作庭記』（森（監訳），1986）は、第一文に「**石を立てん事、まづ大旨をこころふべきこと也**」とあるように、ほとんど石の配置、立て方のマニュアルと言ってよいほどのものであった。

例えば、竜安寺（[図6]）や東福寺（[図7]）の石庭は、石を置くと、その場所がいきなり庭になることを大変如実に表している。このような庭は諸外国にはほとんど見られないものであり、日本人の石に対する独特の感性を示している。わが国の庭は石を眺めるためのキャンバスと言って言い過ぎでない

[図6] 竜安寺石庭

[図7] 東福寺石庭

側面があるのである。

　ところで、竜安寺の石庭について、石の数や配置を象徴的に解釈したり、「最高のアブストラクト芸術だ」と説明するものがある。これに対し中沢(2004)は、この庭石について、「ここは象徴的破壊者として知られる禅宗のお寺なのですから、そういう象徴的解釈は最初から意味がないものと思っておいたほうが安全だ」と言う。あれこれ言うのは野暮だというのである。竜安寺の石は「むしろ平凡で、非対称に置かれている。つまりは石は『無』自性であるところが特徴である」(中沢, 2004)。その上で、中沢は、石は無自性

なのに、たしかにそこにあるという存在感を生み出しているところが重要なのだと指摘する。私たちは、お金を払って無自性の背景にある存在感を感じに行っているのである。そして、無自性の背景にある存在感は、意味分節的に「見」てはわからない。ただ座って「眺め」るほかないのである。わが国の庭において石が主役であることは間違いがないが、その石は、配置を象徴的に解釈したり、芸術性を云々するより、「黙って眺める」ためのものと考えた方がわかりやすいのではないだろうか。

　あえて分析的にならずに、ただ石を「眺める」ような日本人の意識のあり方は、言語によって説明することが困難なものであるが、本書がテーマとしている「眺める」意識から接近してみることは意味のある試みであろう。
　例えば、第1章において「眺め」の実態とされる「もの思い」について、その内実が〈もののあはれ〉へつながるものであることに触れた。石というまさに即物的な「もの」を「眺める」意識についても、〈もののあわれ〉という概念によって説明することが可能である。
　〈もののあはれ〉を日本人の意識的特徴に据える論考はこれまでも多くなされてきた。「眺める」意識を提案した井筒（1983）によれば、〈もののあはれ〉とは中国的思考（抽象的・観念的）に対照的な日本人独特のアプローチであり、「物にじかに触れることによって、一挙に内側からつかむあり方」のことを言う。まさに「意味をあれこれ考える」のではなく、一挙に即物的につかむ意識のあり方を言ったのである。中沢が、石庭に対しては象徴的解釈など無意味と言ったのも、この「一挙に即物的につかむ意識」を前提としてのことである。石庭をそのまま理解し、受け入れる意識とはそのようなものだろう。日本文化の研究者であるドナルド・キーンも〈もののあはれ〉という心のはたらきについて"the sorrow of human existence"よりも、"a sensitivity to things"と訳した方がよいと言っている（鎌田, 2009）。庭の石をただ座って眺める態度の背景にこのような〈もののあはれ〉があるとすれば、「眺める」意識の内実を実感として少し理解できるように思われる。

ここでも少し横道にそれるようだが、同様の観点から、例えば青山二郎の仕事について言及してもよいだろう。青山自身は装丁家でありながら、特に古い陶磁器や茶碗などの鑑賞家として、いわば当代の「目利き」と呼ばれた人物である。彼の多様な関心や自由な視点は多くの文化人に影響を与えた。実際、彼のもとには小林秀雄をはじめ河上徹太郎や大岡昇平などの多くの文人が集まり「青山学院」と呼ばれるほどであった（白洲, 1991）。小林秀雄は青山を評して「自分は秀才だが、青山は天才である」と言ったという。彼が秀でた茶器の鑑賞も、結局は「眺める」趣味と言えば言えるものであるから、その青山が鑑賞についてどのように考えていたかは興味深いところである。

　青山は陶器の鑑賞について、「頭から入っていくような理解は浅はかだ」と言う。と同時に、彼は決して直感的・非論理的把握をよしとはしていなかった。彼はその著書の中で「鑑賞する眼」について、「目玉が私でなければいけません」と言う（青山, 1994）。鑑賞とはなにも難しいことではなく、「眼を頭から切り離して」映ったものをそのまま信じて、その面白さを味わえばとよいのだと言う（青山, 1994）。青山は晩年、完全無欠の中国陶磁よりも日本の茶器を愛したが、その理由として「何かが何かを補って、えも云われぬ な が め となる」（青山, 1994）のだと言って、楽しんだと言う。まさに〈もののあわれ〉ということであろう。いずれにせよ、そこにわれわれ日本人が庭の石に向かうときの態度と共通するものがあることはすぐに了解されるだろう。

　ともあれ、庭石について見ていくだけでも、石と「眺める」意識が日本人の心のありようの深いレベルにおいてつながりがあることを推測させるに十分である。

＊

　実は、わが国には石庭のように「特別にセットされた」石ばかりでなく、現代的な／日常の／町の中にまで、何の変哲もない石が置かれている。石が高い象徴的価値をもっている文化は日本に限らず他の国にも見られる（例えば、[Mikyung, 2007]）が、そのほとんどは巨大な岩や特殊な伝説をもつ石が宗教的な意味を付与されてきたようなケースである。すなわち、「特別な石」

が「特別な場所」に置かれているのが常なのである。一方、現代的な町並みの中にまで、何の変哲もない、つまり「特別でない」石を持ち込んで景観を作るのは日本人だけであろう。

　筆者はこれら町中の石について、箱庭療法に置かれた石表現と関連づけながら論じたことがある（上田，2010；UEDA, 2012）。ここでは「眺める」意識という角度から再度取り上げて、論を進めてみたい。

　町中の石は、道の角や十字路に置かれているものが多い。例えば、[図8]はどこにでもある道路の角に大きな石が置かれているものである。同じく[図9]は、住宅街の四つ角に石が（一つではなく三つ置かれている角もある）置かれているのがわかるだろう。これらはおそらく道祖神と同じく、道から邪悪なものが侵入するのを防ぐ意味で置かれているのだと考えられる。[図10]や[図11]は建物や敷地に沿って点々と自然石が置かれるタイプのものである。これらは領域を他から美的に、かつマイルドに区切る「結界」としての意味があると言われている。このような石は日本ではあらゆる場所で見つけることができる。

　町中の石は一見乱雑に置かれているように見えながら、[図8]－[図11]のように美的、民俗学的に、一応その意味が了解できるものが多い。ところが、一方で、町中の石にはそのような観点からはまったく理解できないものも多いのである。それらは実用的な観点から見ると、むしろマイナスとしかとらえられないものであった。次に、町中の石の中でも、そのような「意味のわからない」置石たちに着目したい。

　実際、京都では、まさに町の至るところで「意味のわからない石」を見かけることができる。いずれも大振りな自然石であるが、明らかに人によって意図的に置かれたものである。その数や種類の多さはほとんど執着や偏愛と呼びたくなるほどである。また、似たような石は東京や他の町にも少なからず発見できる。筆者はそのような石たちを街の景色として大変面白いと感じた。これは赤瀬川（2006）が「超芸術」と定義し、鶴見（1999）が「限界芸術」と定義したものに近いであろう。

第3章　石と「眺める」意識　59

[図8] 町中の石（京都市）

[図9] 町中の石（京都市）

[図10] 町中の石（京都市）

[図11] 町中の石（京都市）

　例えば、[図12]は東京のごくありふれた住宅街の中で見つけられた石だが、なぜその場所に、しかも立てて置かれているのか、まったく意味は不明である。石は風の強い日などは倒れているが、不思議と次の日には立てられている。[図13]はある家の勝手口の下に見つけた石である。これも、明らかに人為的に石を配したものだが、なぜこの位置にこのようにぞんざいに石を塗りこめなければならないのかわからない。[図14]－[図17]はいずれも住宅街の石であるが、単に邪魔としか言いようがないものである。
　[図18]は、道路わきに置かれて、上には花まで飾られている。[図19]は、京都のある美しい住宅の駐車場に置かれた石である。これらも、なぜこれほどの大きさの石をあのような形に置かなければならないかはほとんど説明できない。

[図12] 町中の石（東京都）

[図14] 町中の石（京都市）

[図16] 町中の石（東京都）

[図13] 町中の石（京都市）

[図15] 町中の石（京都市）

[図17] 町中の石（東京都）

[図18] 町中の石（東京都）

[図19] 町中の石（京都市）

　このような石を見るにつけ、筆者は「置かれたからには意味がある」と考える方が、むしろとらわれではないかと考えるようになった。実際、筆者は当事者と思われる人に話を聞く機会があったが、やはり「特に意味はない」という答えを得るだけだった。たしかなことは、われわれは意味のない石をわざわざ身近に置いて、周囲の人もそれを許容しているということだった。誤解を恐れずに言えば、石庭の石のように分析的な態度を拒む石を、日本人は、近代的な、日常の生活の中にまで、取り入れる工夫をしていると考えられるのである。

　ここまで来て、石と「眺める」意識の関係の話にようやく戻ってもよいだろう。
　Jung派の分析家von Franz, M. L. は石の特質について、Jung, C. G. の言葉を借りながら"just-so-ness"（ただ、そのままにある、こと）と表現した（Jung, et al., 1964）。誠に的を射た表現であると思う。中沢（2004）が竜安寺の石について「無自性」であると言ったのはこのことである。つまり、石はその意味を明確にすることなしにそこに「ある」ことが許される性質があるのである。そこに「ある」ものが十字架であったり、象の置物であったりしたら、意味を問わずにはおれないだろう。
　表現を変えると、石というのは、「意味を問わないでくれ」という不思議

なシンボルなのだということである。これを上田 (2010) は単に無意味とはちがう意味で、石のもつ〈意味の不問性〉(passing over the meaning) と呼んだ。実はこれこそが石のもつもっとも大きな特質であり、われわれが石に惹かれる所以ではなかろうか。現代に生きるわれわれにとって "just-so-ness" であることは思いのほか難しくなってきている。意味があふれている現代においては、人は意味を求めずにはいられず、意味が見つけられないと不安になり、怒り出す。河合隼雄はこれを人間が「意味の病」に冒されているのだと言った。このようなことを考えると、人々がわざわざお金を払って石を眺めに行ったり、何でもない石を拾っては飾ったり、わけのわからない大きな石を町中に置いたりすることも理解できるような気がする。

　これまでわが国の「置かれた石」を見てきてわかるのは、日本人は「意味を問わない」（＝分離せず、はっきりさせない）ということをかなり自覚的にやってきたのではないかということである。石庭に置かれた石も町中に置かれたよく意味のわからない石たちも、結局は「眺める」という意識があることを現代人に思い起こさせ、それをよく鍛えてくれるもののように、筆者には感じられる。つまりは〈もの思い〉させるための石である。それは、意識のあり方の多様性を失った現代人（都市化された人）にとって、「眺める」意識を日常の中で上手に回復させる仕組みになっていると考えられる。これは現代日本人の心性の特徴をなす点ではないだろうか。わが国の町中の石のありようこそは「眺める」意識を考えていく上で、重要なヒントを与えてくれるものなのである。

*

　別の視点からは、次のように言えるだろう。鶴見俊輔はかつて『限界芸術論』(鶴見, 1999) の中で「何でもないことを愛好する精神」が日本文化の特色であると述べた。ここまで検討してきたように、石は、その「何でもないもの」の代表であろう。そのようなものは、分析的に「見」ても仕方がないのである。「眺め」るほかないのである。ゆえに、日本人には「眺める」意識を発達させてきたと考えることができるのである。

ただし、筆者はさらに一歩進んで、実は論理は鶴見の逆で、むしろ「眺める」意識（それにともなう「あくがれ」）を大事にするから「何でもないもの＝石」が愛されたのだというロジックの方が正しいと考えている。井筒俊彦が、「眺め」意識は意味の充満する世界に息苦しくなって、それに飽き足らないところから出てきたのだと指摘したことを考えると、石と「眺める」意識との間に関係が見出されるという本節の主張もあながち不自然なことではないだろう。

3.3　物語の中の石と「眺める」意識

　石を祀る神社の多さや庭における石表現の多様性と同様に、わが国には石についての神話・伝説・物語も大変豊富である。筆者はあらためてそれらを広範に収集し、そこにいくつかのパターンが見られることと、わが国の石の物語の特徴を描き出した（上田，2011）。最後は、上田（2011）をもとに、石が出現する物語を取り上げ、石と「眺める」意識の関係についてさらに論証を進めたい。

◆「日々移動する腎臓のかたちをした石」（村上，2005）
　この物語は、わが国の最近の小説であり、石と「眺め」の関係が大変面白く描かれたものでもあるため、ここで取り上げた。
　物語は、作中の男性が書きたいわば作中作というべき形をとっている。
　主人公は三十代前半の女性である。名前はない。彼女は、腕の立つ外科医だ。独身だが、同じ病院に勤める妻帯者である年上の外科医と秘密の関係をもっている。彼女は一人旅をしたその旅先の川原で、奇妙な石を一つ見つける。それは、赤みがかった黒で、つるつるしており、外科医である彼女にはなじみの「腎臓のかたちをした石」だったのである。彼女はその石を持ち帰り、自分の部屋で（ちょうど形も重さもよかったので）文鎮として使うことにする。
　しばらくすると、彼女は腎臓石が朝になると少しだけ位置を移動しているという奇妙な事実に気がつく。それ以外は何も変わっていないし、泥棒に入

られたようなことも絶対にない。机の上に置いたのに、ある日には回転椅子のシートの上、ある日には花瓶の隣という具合なのである。それ以外には何も不都合はない。

> 自分の思い違いかもしれない、と彼女はまず思う。もちろん守衛は鍵を持っている。でも、その守衛は長く勤めている人で、他人のオフィスに勝手に押し入ってきたりはしない。それに、彼が毎晩彼女の部屋に侵入して、文鎮がわりの石の置き場所を動かしていく意味がどこにあるだろう。

そのうち、腎臓石を「眺める」ことは彼女の日常の一部になってしまう。

> 腎臓石はその女医を静かに揺さぶり続ける。少しずつ時間をかけて、しかし確実に。石の存在に、彼女は少しずつ慣れていく。それを自然なものとして受け入れていく。石が夜のあいだにどこに移動していてももう驚かなくなる。暇があれば彼女は手を伸ばし、その滑らかな黒い表面をそっと撫でる。そのうちにだんだん石から目をそらすことができなくなっていく。

そのような日々の影響で、彼女に少しずつ変化が訪れる。彼女はまるで催眠術にかけられてしまったように、他の物事に対する興味を徐々に失っていく。本も読めなくなる。同僚との会話にも興味がもてなくなる。

> 周囲に誰もいないとき、彼女はその石に小さな声で語りかけ、石が語りかけてくる言葉でない言葉に耳を澄ますようになる。

中沢新一は石のイメージの特殊性を一言で言うとすれば、それは「越境する存在」という点だとする (中沢, 1980)。「石は地上と地下との、日常的な人

の世界と異界との、生きているものと生きていないものとの、もっと神話的なレベルでは、現世と冥界との、生者と死者との、現在と過去との、そして心のなかで意識と無意識との閾＝境を越え出ていく力をもっているのである」(中沢, 1980)。村上春樹の物語の中の石も、まさに越境＝「日々移動する」特徴をもっていると言えるだろう。

彼女はそのような石から目が離せなくなる。そして、ついに彼女の内面にある大きな変化が訪れるのである。彼女は決意して、恋人の外科医と別れる。「話し合う余地はないのか」と彼に聞かれても、「まったくない」と彼女はきっぱりと答える。彼女は休日にフェリーに乗り、デッキから腎臓石を海に捨てる。そしてもう一度新しく生き直そうと決心する。

以上のような話である。実際には、この後本編の男の物語の展開とともに、石の現れもさらに変わってくるのだが、それについてはここでは触れないでおこう。

主人公は「石」を詳細に観察して、移動する理由を明らかにしようなどとはしていない。結局、彼女がしたことは石を「眺める」だけだったのであるが、その行為が深いところで彼女を変化させていたということである。

「眺める」という行為それ自体は、ほとんど何もしていないに等しい。つまり無為である。そして、これまで石庭や町中の石を取り上げて繰り返し検証してきたように、石は眺めるのに最適なのである。これが壁にかかっている美術品だったり、水槽の金魚だったりしたら、「眺める」という行為の純粋性は減じてしまうだろう。主人公も無心になって石を眺めることによって、存在に直接揺さぶりをかけられたのだと考えられる。本物語に描かれた石も、石庭や町中の石と同様に「石」が「眺める」意識を誘っているような側面があることを示しており、傍証に加えてよいと思われる。またそれによって動き出した「眺める」意識によって、〈深い存在体験〉(井筒, 1983)を得ているということを推測してもよいように思う。

Jaffé, A. は「神話の言葉によれば、石は『みずから語る』ことを認められて

いる」(Jung, et al., 1964) と言う。それを聴き取るに最適な意識態度が「眺める」であると考えられる。冒頭のタカオさんのエピソードも西條八十の詩も村上春樹の小説も、そのことをあらわしていたのだ。

3.4 まとめ

　日本人が石に対して美的・宗教的観点から特別に強い関心をもっていることはさまざまな研究から明らかである。したがって、石に対する態度は、日本人の意識の特徴をあらわしているとみなすことができる。臨床場面の石、石庭の石、町中の石、物語の中の石などを見てみると、われわれが石に対して「眺める」という態度で接しているものが多いことに気づかされる。しかも「眺める」ことによって、非常に深い体験を得ていることがうかがえるのである。

　Jung, C. G. が石に対して特別に強い関心を抱いていたことはよく知られている。彼はその興味深い自伝の中で、幼少期の頃、ライン川から拾ってきた小さな石を白と黒に塗り分けて、ポケットに入れて常に持ち歩いていたというエピソードを残している (Jung, 1963 / 1972-1973)。彼は石のイメージを植物のそれと比較しながら、次のように述べている。「石の中には宇宙の限りなさ、有意味なものと無意味なものとの混乱、および非人格的な目的と機械的な規則との混乱などが隠されていた。石は存在の底知れぬ神秘さ、つまり霊の具現を含んでおり、同時にそれそのものであった」(Jung, 1963 / 1972-1973)。井筒 (1983) の言い方を借りれば、石は素朴でありながらあまりに複雑であり、(本質に規定される前の)〈存在そのもの〉なのである。このような石を「見て」しまっては、そのありようをとらえることは不可能であろう。石のこのような複雑なイメージは「眺める」ことによって「味わう」しかないのではなかろうか。

　繰り返すが、日本人が石の複雑精妙なイメージへの感受性が特別に豊かであることは明白である。その背景に「眺める」意識の存在があるのである。

＊

　本章までの論考において、「眺める」意識の実際のあらわれと言外に含まれる豊かな意味内包を具体的に示すことができたのではないかと思う。

第4章

事例1

　「眺める」意識をわれわれにとって真に有用な立場として提案するならば、実際の臨床事例によってその意義が確かめられる必要がある。それが本書のもともとの目的であった。

　本章以降は、これまでの議論を踏まえて、「眺める」意識が実際の心理療法場面でどのようにあらわれ、またその出現によっていかに事例が展開していったかについて検証する。事例は二つ取り上げる。事例1は「内的なイニシエーションにおける『見る』ことの意味」(上田, 2009)で扱った強迫神経症の男性の事例である。事例2は「心理療法における『眺め』意識」(上田, 2016)で取り上げた中年期女性の事例である[註3]。

4.1　事例の概要

クライエント：Aさん。男性。来談時21歳（大学3年生）。
診断：強迫神経症
現病歴：大学1年の夏にふとエイズではないかと心配になり、以来何度も手

註3）事例は内容理解に支障のない範囲でプライバシーに配慮して若干の改変をしている。

を洗ってしまうようになる。また血が気になり、地面のしみを血液ではないかと確認してしまう。最近はこれに（本人いわく）火事ノイローゼも加わり、タバコの火がちゃんと消えたか何度も見て確認してしまう。

生育歴：関西圏の中規模都市に生まれる。3人兄弟の長男。父親は電気関係の技術職、母親は専業主婦である。経済的には裕福である。実家では両親と弟2人、父方の祖母が暮らしている。本人は大学入学とともに上京した。来談時は大学を1年留年した後であった。

面接構造：セラピストは開業の心理相談室に所属しており、AさんはWクリニックからの紹介で来談した。Wクリニックでは投薬治療を受けていた。面接は週に一度、50分（有料）で行った。

4.2 面接経過

以下、「　」をAさんの発言、〈　〉をセラピスト（Thと略す）の発言とする。＃は面接回数を示す。

◆第1期（＃1～＃15）X年～X年＋3か月

初回、Aさんは非常に不思議な格好をして現われた。ラフなジーンズ姿にサンダル。髪は坊主で、ひげをものすごく長く伸ばしている。まるで仙人のようであった。言葉遣いに固さはないが、「言っておきますが」というような言い方になることが多い。「言っておきますが、言葉は悪いかもしれないが、ここしかなかったから来た」と。初回であったが症状についての話は少なく、むしろすぐに内面的、哲学的な話へと移っていった。

「どうしても聞きたいことがあって」と質問をされる。「人間の欲するもの、やさしさとかぬくもりみたいなものが宅配便で送られてきて、家から出ないでもいいような生活ができるようになったら、例えばの話ですけど、他人っていらなくなるんでしょうか」「いるって言いたいけど、いらないって言いそうな雰囲気なんです」と。

この他に、親の愛情に対する拒否的な感情について強い口調で話す。これ

は最初の頃何度も繰り返して語られた。「僕にたくさんお金を送るなんてアホや」「親の愛っていうものは論理的にはわかるけど、わからん」と言う。また、自分には反抗期がなかったと言う。

初回面接後、母親からThに電話がある。「心配で心配で。親の育て方が悪かったのかと考える」。この後もしばしば面接の最中や面接後に電話のあることがあった。

(#3)「小説家になりたいんです」という話が出る。サハラ砂漠へ行って一人で書きたいと言う。他にもタフになりたい、ハードボイルドでありたいと強調する。このような話をしながら、「なんか最近自分で話をすり替えているような気がするんです」と苦笑する。

彼は時々、自分の見た夢について面接で報告してくれることもあった。

【夢1】(#5) 学校へ向かって自転車で急いでいる。通学路に橋があり、そこを渡っていると、向こう側から知らない老婆がすごい勢いで走ってくるのが見える。怖くて、走って逃げようとする。もう少しで捕まるというところで、老婆が「23!」と叫ぶ。その瞬間、近くの軽トラックが爆発する。

彼は「23って何なんでしょうか。ずっと気になっていた」と言う。〈割り切れない数ですね〉と返すと、「そう！ そういう意味なのかなって思っていたんです」と言っていた。

(#6) アパートで音がうるさいと、隣人が怒鳴り込んできてケンカになるという出来事が起こる。彼は初めてのケンカだったが「なんかすっきりした」「鼻血が出たが気にならなかった」と言う。その際、隣人が歳を聞くので、彼は「僕は永遠に19でいたいんで、19って答えたんです」と返す。すると、その隣人はやる気をなくして帰って行ったという。

次の回、彼はひげを全部剃ってさっぱりとした姿で現れたが、別人が立っているのかと思うほどで、そのかわいらしい感じにThは非常に驚いた。

この後、Aさんはいったん大学を休むことを決め、自ら大学に休学届を出す。そして、CD屋でアルバイトをはじめた。

◆第2期（#16〜#30）X年＋4か月〜X年＋1年
　面接では、大人と子どもの違いを考えてきたと言って話したり、あるいは「利己と利他」についてどう思うか、Thに回答を迫るようになる。この頃、Thもいくらかむきになって自らの人生観などをぶつけていたが、これは後に考えると、治療者側の逆転移的な反応であったかもしれない。
　（#17）「僕はええかげんですからね。ほんまええかげんですよ」「ここではえらそうなことばっかし言うてますけど、このままやったら僕、高倉健になってしまいますわ」と言う。
　#21の面接後、母親から電話がある。「どうなんでしょうか、やっぱりよくないんでしょうか」と繰り返し聞かれる。そのあまりに悲観的な調子に、ThはAさんの饒舌さの中にある息苦しさと、過激な発言にならざるを得ないわけが少し理解できるように感じた。
　#28は少し疲れた様子で、いきなり「昨日見た不思議な夢」の話をする。

【夢2】お寺の境内で、小さい頃の自分が柿を取ろうと木に登っている。しかし上手くいかない。そこで住職のような老人に「まだ熟してないけど、食べられる」と柿を一つもらい、とても喜んでいる。次の場面では、暗い所で大人たちが集まってその男の子（Aさん）について話し合いをしている。「彼はまだ豊かな社会に連れていくことはできない」と言っている。

　この面接の後、Aさんは大学に復学し、通学をはじめた。しかし、症状自体はあまり変化が見られなかった。

◆第3期（#31〜#47）X年＋1年〜X年＋1年10か月
　この頃面接中に一言もしゃべらない回があった（#32）。〈どうですか〉と

聞くと、「いえ、別に何もないです」と言ったきり、まったく何もしゃべらない。Thに対する何かしらの挑戦のようでもあったが、しかし料金は払ってもらった。

＃40に「先生に謝らないといけないことがある」と言い出す。実はここ以外に別なところにカウンセリングを受けに行ったが、そこのカウンセラーに諭され戻ってきたと言う。これはThとしてはまったく想像していないことだったが、Thの聞き方がずれていたか、治療者交代についてどう考えるかなどについて、あらためてきちんと話し合うことができた。

第3期は夢が多く報告された時期でもあった。

【夢3】(＃42)メガネの夢。メガネをかけている。そのメガネのフレームがゆがんでいって、痛いなと思ったところで目が覚める。

この夢の連想として、彼は「見ないといけないものから目をそらしているのかな」と言う。また、この回の面接中に母親から電話が入ったが、彼が代わって「お母さんがノイローゼちゃうん！」とぴしっと言ったことがあり、印象的だった。

【夢4】(＃44)ある部屋を覗くと、ほほに鍵穴のある女性の姿を見てしまう。(それを見たため)『羊たちの沈黙』のレクター博士に鼻輪をつけられ、引っ張りまわされて殺される。

レクター博士の連想は「絶対的強者。トランプで言ったらババみたいなもん」とのこと。

＃45に、彼は意を決したように次のような告白をした。それは「小学校1年生の頃に男の友だちとセックスのまねごとのようなことをした。そのことでエイズではないかと思うようになったのだろうか」というものであった。

しかし同時に、症状と原因の関係について、彼は次のように表現できるようになっていた。「後ろからボールが飛んできて頭に当たって痛いと思う。今まではそれがどういうふうに飛んできたか、誰が投げたか、そればかり考えていた。でも、どうして今自分がそこに立っているのだろうかと考える仕方もあると思う。そう思うとすっきりした」。

この頃から、症状は徐々に改善し、連絡なしのキャンセルが時々入るようになった。

◆第4期（#48〜#71）X年＋1年10か月〜X年＋3年

第4期の前半は症状が少しぶり返した時期であった。「3歩進んで2歩下がるみたいな感じ」と言う。赤い花や、白もだめ。赤は血を、白は精液を連想させると言う。「自分はエイズじゃないってわかってるのに、道を戻って地面のしみを確かめるなんて、なにをしてるんやと思う」「ほんま誰かがおって宿題出してるんとちゃうかって思う」。

【夢5】(#48)冷蔵庫を開けて中を見ると、父親が冷たくなって死んでいるのを発見する。

#53に、彼は非常に印象的な夢を見たと言う。

【夢6】人気のない防波堤のようなところで、ある男性の小説家と二人で並んでぼんやりと海を眺めている。小説家は隣で詩の朗読をしていて、それを自分に対するお告げのように感じている。自分は何かを断って留まるということを決心しており、小説家は逆説的なつながりで「それでも君は海が見たいんだね」と声をかけてくれる。

この頃になると症状は急速に消失し、薬も必要なくなっていた。彼の口調やふるまいには、以前はなかったマイルドさが感じられるようになってき

た。そして彼は、新しく皿洗いのバイトをはじめる。それは彼が(汚いものに触れるという意味で)もっとも苦手としていたタイプの仕事であった。「ホンマ、前はなんやったんやろうなーって(笑)」。

その後、大学の卒業が決まる。彼は地元に戻り郵便局員になることを決心した。一方で「30歳になったら本当に小説を書いてみたい」ということも一つの夢として語った(#54)。しばらくして最近の様子を聞くと、「一山越えた感じはある。人生的にはまだまだですけど」と言われたので、Thはこのあたりで一区切りを提案した。「この病気をして学んだことは、考え方を決めつけないということです。これはちょっと大げさかもしれないですけど、死ぬ思いをして得たものですから」(#70)という彼の言葉に、Thは非常に感激した。最後となる回で「病気が治ったら何かが変わるのかと思ったけど、なんにも変わってないんかな」と笑って言われたのが、とても印象的であった。

4.3　考察

本事例は強迫神経症を主訴として来談した青年の事例である。彼の報告した多くの夢は、「見る」意識と「眺める」意識という観点から理解しうるものと考えられた。したがって、考察では、彼との面接の中で「見る」意識と「眺める」意識がどのようにあらわれ、またそれが治療的な展開といかに関連していたかについて論証してみたい。

4.3.1　永遠の少年元型について

強迫神経症者は一般に多弁であると言われる。たしかにAさんも非常に多弁であった。しかし、面接を重ねるうちに、筆者は彼の言葉の用い方について、単なる強迫神経症者特有の多弁として片付けられないものが存在していると感じるようになった。彼の話には強迫神経症者にありがちな"退屈さ"や"平板なトーン"(中井, 1985)がなく、むしろ表現は機知に富み、内容は諷刺や人生に対する疑問に満ちていた。特に彼は紋切り型の話題が嫌いで、(症

状に関する訴えが少ないわりに）意外なアイデアや興味深いテーマをわざわざ用意してきては治療者に挑むように披露することが多くあった。そのような話し方は治療者にとって当時大変魅力的に映った。このような経験から、筆者はAさんの言葉遣いの特徴を、彼の奥にある「永遠の少年」元型によって引き起こされたものとして理解することができるのではないかと考えるようになった。

　「永遠の少年」（puer aeternus）はエレウーシスの神話において重要な役割をとつとめる少年の神イアッコスを指して、オヴィッドが呼んだ言葉であるという（河合, 1982）。イアッコスは穀物と再生の神と考えられており、エレウーシスの密議において行列の先導をつとめている。文字通りの永遠の少年であり、いつも若返って成年に達することのない少年神なのである。

　「永遠の少年」元型とは、人類が共通してもつイメージの「種（たね）」の一つとでも言うべきものである。それは、人々の心の非常に深い層に一つの可能性として眠っており、場合によってはそれが展開してわれわれの現実の生を突き動かすこともある。

　von Franz（1970 / 1982）は、「永遠の少年」という言葉でより具体的にある種のタイプの若者をあらわした。「彼らは顕著な母親コンプレックスを持ち、普通より長く思春期の心理にとどまっている」、さらに「彼らは社会への適応が困難で、誤った個人主義を抱いている場合もある」と言う。これらの特徴をひとことで言えば「現実から離れすぎた意識態度」（von Franz, 1970 / 1982）ということになろう。

　Aさんについても、この説明は当てはまる部分が多いと思う。実際、ひげを剃って現れた子どもっぽい感じ（#7）が、少年という意味で本当の彼の姿であったと思われる。彼がケンカをした際に相手に向かって言った「19歳」という宣言は、なによりも明確にこのことを示している。面接でも、いきなり利己と利他について熱を込めて語ったり、あるいは「人間は一人でやっていかなければならない」というような母親コンプレックスをもつ人特有の個人主義を披瀝したりした。「小説家になりたい」というのも永遠の少年によ

くある認知である。

　ちなみに彼の愛読書は灰谷健次郎の『我利馬の船出』(灰谷, 1990)であった。これは主人公である貧しい少年が独力でヨットを作り始め、苦労の末に完成させて、海へこぎ出すという自立の物語である。彼はその出だしの「自分の国も家庭も必要ない」「そんなものから解放されて生きることができたら、どんなにせいせいすることか」(灰谷, 1990) という一節をそらんじてみせるほどだったが、当時の彼の気分をこれほど的確に表しているものはなかったと思う。

　夢2は、まさにこの永遠の少年の典型的な姿が現われている夢と考えられる。場面はお寺であり、この話が宗教的な次元にかかわってくるものであることを感じさせる。少年(Aさん)は木に登るが、これは現実から離れた意識態度を表しているのだろうか。あるいは木に登って実を採るということは、子どもにとって英雄型の加入試練と見ることができるかもしれない (Eliade, 1957 / 1969)。ところが彼は、「まだ熟していない(未熟)が食べられる」程度の柿を老人から与えられるという形で得ているのである。そして後半では、大人たちが先の子を「まだ社会へ連れていくことはできない」と言っている。これは、彼にはまだ何かが足りない＝少年のままでは大人の社会に参加させられないことが言われているのだと考えられる。この夢は神話的な意味で、彼の課題を先取りしているもののように思われた。

　ところで、永遠の少年のもっとも大きな課題は、母親コンプレックスの克服にあるとされる (von Franz, 1970 / 1982)。永遠の少年は「母なるもの」から離れようとして急上昇するが、結局は「母なるもの」の力の強さによって墜落するということを繰り返すのが典型的なパターンである(河合, 1982)。実際に、彼らは、鋭く、魅力的なアイデアを次々と出しながらも、長い目で見ればそれを達成することができないという生き方をしている人が多いのである。

　ここでは詳細に触れないが、わが国における永遠の少年元型は浦島太郎の物語によって非常によく示されていると言われる (河合, 1982)。河合は浦島の物語を分析しながら、「なぜ浦島の試みは失敗に終わったのか」という問

いを立て、日本人にとって母なるものから自立的になることがいかに困難であるかを論じている（この場合「母なるもの」というのは、日本人にとっての「無意識的なるもの」というほどの意味である）。そこで河合は、「永遠の少年が自立するということは、母性の強いわが国においては二重に大変なことである」と指摘する（河合, 1982）。河合（1994a）によれば、「わが国は母性が強い国というよりは、正確には母性元型に影響を受けた永遠の少年型社会である」とさえ言うことができるのである。

　Aさんの母親は特に問題のある母親ではない。ただ、心配し、何とかお金を出してやろうとする、かかわりの強い親ではある。それは面接中に何度も電話をしてきてしまうようなことにあらわれていた。彼にとって、そのような「母なるもの」（もちろんこれは現実の母親ばかりを意味しないが）からの離脱がテーマになっていたのは明らかだった。

　夢1は、橋を渡ろうとしたら老婆が追いかけてきたというものである。これは母性の恐ろしい側面を表すものとして日本の昔話にしばしば出てくる山姥を想像させる（河合, 1982）。橋を渡ろうとすることを、クライエントが変化、成長しようとする試みと考えると、それを妨害しようとする母性的なものが動いているように感じられる。

4.3.2 〈母なるもの〉からの自立と「見る」意識の確立

　ところで、北山（2001）は母なるものからの自立という問題を精神分析的に考察するなかで、必然的に「見てはいけないものを見る」ことの問題を取り上げている。北山によると、幼児は初め〈見るなの禁止〉という原始的なタブーの支配下にあるが、発達に伴って必然的に禁止は破られなくてはならないとされる。すなわち「見る」＝「知る」という意識のもっとも基本的な働きが、自立の文脈で物語的に展開すると、「見てはいけないものを見る」というストーリーになるのである。

　このような「見る」行為は神話や昔話の中にさまざまな形をとって現れる普遍的なモチーフであり、例示には事欠かないほどである。代表的なものは

わが国の『鶴女房』やドイツの昔話『忠臣ヨハネス』などが挙げられるであろう。わが国の神話においても、黄泉の国においてイザナミの禁止を破って覗き見をしたイザナギは恐ろしい姿をした妻に追われ、また岩戸に隠れたアマテラスはアメノウズメのこっけいな踊りを覗き見しようとして出てきたのであった。同様の視点から当然、自ら目を突いたオイディプス王の物語も想起されるだろう。これらには、「見てはいけないものを見る」という行為によって、自我が一気に別の世界に押し出される様子が共通して描かれている。このようなことを合わせると、河合 (1982) が「『見る』ということは『知る』ことで、これは自我を成立させる上で大変重要なものである」と述べるのも、ごく自然な論理展開だと思われる。

ここで大事なことは、北山は「見にくいもの」＝「醜いもの」と考え、それを河合 (1982) の言う「のみこむものとしての母性の否定的側面」と同一のものであろうと考えている点である。まとめると、「見にくい (醜い) ものを見る」ことは (理想的な母親像からの) 幻滅を伴うが、自我が発達していくために必要な過程でもあるということである。

以上のような観点から本事例を振り返ると、「見る」というテーマが彼の夢においてよくあらわれており、大変興味深いと感じられる。なぜならば、永遠の少年にとって最大のテーマである「母なるもの」からの自立こそは、精神分析的な文脈において「見る」意識の確立と言い換えられるからである。したがって、以下の考察では、クライエントの夢の中の「見る」あり方に着目して考察を進めていこう。

4.3.3 「見る」意識の強調とその行き詰まり

a) 母性の否定的側面を「見る」こと

まず、夢3のメガネの夢は (本人が気づいたように)「見る」というあり方のゆがんでいること、それが今後のテーマになることを示していると考えることができそうである。

夢ではレンズがゆがむのではなく、フレーム (枠組み) がゆがんでおり、そ

のことで彼が「痛み」を感じていることも、今後の展開を示唆して重要であったと思われる。

ここから「見る」ということをテーマとした一連の夢が始まっている。

夢4は、ある部屋を覗いて女性の姿を「見て」しまったために殺されるというものだが、これはまさに〈見るなの禁止〉のモチーフがあらわれているものと言えよう。女性のほほに鍵穴があることはさまざまな見方ができそうである。sexualな印象も与えるし、その女性自体が秘密を中に抱えた箱と考えるならば、それを「開ける」ということが「見る」ことでもあり、部屋を覗くことと二重にオーバーラップしているとも考えられる。

北山(2001)は先述のように「見にくい」ものが「醜い」ものだと主張し、実質的にはそれは母性の否定的側面であろうと考えている。禁止が破られることで「醜い母」という現実が見え、幼児は幻滅を味わわざるを得ない。しかし、それは自立を促す誘因となるというのである。Aさんにとっての「みにくい母」とは、十分すぎるほどのお金を与えてきたり、面接中にもかかわらず何度も電話をしてくる母親の「包み込んで自立を妨げる」動きの中に感じられていたはずである。このような流れの中で夢4に現われたのが「見てはいけない女性」であり、北山の論の通り母性の否定的側面への直面化であると考えてよいと思う。これを裏づけることとして、「お母さんがノイローゼちゃうん!」と電話で言い返したエピソード(#42)など、この時期母性の否定的側面に少しずつ意識的になっていった様子がうかがわれる。

ところで、夢4のようなモチーフは神話や昔話に多い「見るなの座敷」型の話型と同一のものと考えられる。河合(1982)はこの話型について、西洋型と日本型の比較をしながら詳しい考察を加えている。例えば、わが国は『鶴女房』に代表されるように〈無罰型〉と言われ、見た後にその人が罰せられるということはほとんどないが、西洋では命を取られるほどの厳しい罰があると言う。また、その部屋(座敷)の中も、わが国では自然美的なものが多いが、西洋では死体を食うものなど怖ろしいものが多いことが知られている。この観点からも、夢4において彼を殺したのがレクター博士であったこ

とは重要である。レクター博士は西洋的知性を代表する存在としての印象を与える。あるいは罰を与えるものとして非常に強烈な父性を示しているようにも思われる。すなわち、上記の点から、彼が見たのは相当西洋的な「見るなの座敷」型の夢であったと考えられるのである。

　北山(2001)の論に忠実であれば、心的な作業はこれ(母性の否定的側面を見る)に尽きるはずであった。にもかかわらず、この後の症状の起伏を見ると、この作業だけですべてが解決したと言うことは難しそうであった。

b) 父性的なものの弱さを「見る」こと

　夢5は、冷蔵庫の扉を開けて「見る」と父親が冷たくなって死んでいるのを発見するというもので、「見るなの座敷」型のヴァリエーションとしてとらえることができるだろう。ただし、夢4の幻想的な雰囲気に比べると、この夢には実際の父親や生活が出てきており、より現実に近いレベルで見られていることがわかる。

　永遠の少年は母親コンプレックスの強さを特徴としているということを先に述べた。このときその太母のしがらみから切り離すのが、父性の「切断」の力であると考えられる。この点で面接当初、彼がタフであることやハードボイルドを強調したり、高倉健にあこがれを示したことなどは当然であったと思われる。しかし、彼は「見る」ことによって、現実にはこの切断する力も弱いことを知る。「見にくい」ものは否定的な母性像だけでなく、父性的な力の弱さも「みにくい」ものであり、幻滅をさそうものであったのである。これはクライエントに限らず、浦島太郎に喩えられるわが国の永遠の少年たちの共通の特徴とも言えるだろう。

*

　さて、夢3から始まり夢4や夢5にあらわれた見方は「はっきりさせるための見る」であった。このように見るということは知ることであり、分離し認識する機能であり、そもそも意識のもっとも基本的な機能である。それは第1章でNeumann, E. を引いて論じたように、意識のもつ男性的な側面

として表現されてきたものである。そのような強い「見る」によって母なるもの（無意識）に直面することで自立が可能になると考えるのは、論理的な必然であろう。自立とは「見る力をつけて、無意識から意識を切り離すこと」なのである。言い方を変えれば、自立は「無意識から去れ」「女性から去れ」なのである（Neumann, 1971 / 2006）。しかし、彼のその後の症状の起伏を見ると、「見る」意識の獲得だけでは十分ではなかった。むしろ「見る」意識の行き詰まりさえ感じられるのである。

鈴木（1999）は永遠の少年について、北山修と河合隼雄の論を比較しながら、さらに独自の考察を加えているものとして意義深い。そこで特に重要な指摘として考えられるのは、わが国では、北山の言うような「みにくいものを見る」あるいは「みにくいものを見せる」というアプローチだけでは不十分ではないか、と述べていることである。なぜなら、そのようなアプローチは西洋的な強い自我と精神分析の知的探求的態度とに関連があり、それらはわが国においては十分こなされていないために、それだけでは知的な洞察に終わってしまう危険性があるためである。本事例の経過からも、これは同意できる考え方のように思われる。河合（1994a）が述べたように、母性の強いわが国において永遠の少年が自立するということは一筋縄ではいかないのである。

では、永遠の少年であるわれわれには一体どのような選択肢が残されているのだろうか。その一つの可能性を、Aさんの最後の夢6が示してくれているのである。

4.3.4 「眺める」意識の獲得

夢6は非常に漠然とした内容だが、これまでの「見る」あり方といくつかの点で異なっている。

もっとも重要なのは、これが「はっきりさせるために見る」というあり方ではないということである。この夢は、茫漠としたもの（ここでは海）を「眺め」ている夢と言える。そばでは小説家が詩を朗読していて、それを聞くともな

しに聞いている。そこには夢4や夢5のように、何かを明らかにするという目的はなく、むしろぼんやりとしながらもの思いにふけっているような雰囲気が感じ取れる。まさに詩的な、情緒的な、意識の状態である。このような意識態度は、本論文がテーマとして追求している「眺める」意識といってよいだろう。

　Aさんは、永遠の少年の必然の課題として「母なるもの」からの自立がテーマとなっていた。この場合「母なるもの」とはわれわれにとっての無意識的なるものを意味しており、そこから自立するということは「意識が無意識からしっかり分離して、それをコントロールする力を得ること」と考えられる。
　そのために、Aさんにとって「見る」意識、すなわち通常の意識の力を強化していくことこそ第一に必要なことであった。しかし、あまりにそれに偏り過ぎてしまったために、その偏りが強迫という形で症状化していたのではないだろうか。なぜならば、「意志の力の過度な強調」こそ強迫の本態と考えられるためである (Salzman, 1968 / 1998)。偶然や意識できないものを恐れ、すべてを意識のコントロールのもとに置きたいという強い欲求こそが強迫神経症なのである。
　したがって、強迫神経症者は症状に対しても「意識性を高める」という心理的方略をとることになる (中井, 1985)。例えば、タバコの火が消えたかどうか、目を近づけて何度も「見て」しまうようなやり方がそれである。ところが、中井はこのような対処法は「イマジネーションの本質的貧困性」といわれるもののワナにかかると言う。一見あざやかに見えるイメージも実は細部については曖昧なので、細かいディテイルを見ようとして意識性を高めるほど、より不確実性が増加してしまうというパラドックスを導いてしまうのである。
　であるならば、意識性を弱め、ぼんやり「見る」ことができるようになることが強迫神経症治療のメルクマールの一つとなるはずである。実際にAさんは症状が良くなっていくと「地面のしみを見つけてもそのままにしておけ

るようになってきた」と言っている。また、面接の最終盤で「(自分が死ぬ思いまでして身につけたものが) 考え方を決めつけないということだった」(♯70) といった表現は、〈はっきりさせる〉意識をあきらめ、別の意識のありようを模索し始めたことを意味している。すなわち、本事例の経過は、自立のために「見る」意識を推し進めてきたが、それだけでは十分でなく、最終的に「眺める」意識まで獲得していったプロセスと考えることができるのである。

　本事例は、最後の最後で「眺める」意識が彼の「見る」意識重視の一面的な生き方を補ったという点が重要だったのである。

　筆者は、この「眺める」意識の治療的意義を考える際のヒントが、河合 (1982) の言う「女性の目で見る」という考えにあるように思う。ただし、これは非常に難しい考え方で、賛否両論あるようである。河合も「『見る』ということ自体が男性的な働きであるため、この『女性の目』ということは説明が難しい」(河合, 1982) として具体的な言及を避けている。

　これは換言すれば、「女性的意識で見る」ということであるが、河合 (1982) は次のように説明している。それは Neumann, E. が、近代西洋の自我は男女を問わず男性像で表すのが適切であると考えていることと対比をなし、「日本人の母性とつながったままの自我存在 (自我と言えるかどうかも疑問だがと河合は言う) はむしろ女性像として表現するのが適切ではないか」として提案されている考え方である。「もちろん『女性の意識』はそれが意識である点において、無意識とあまり密着していてはならない。しかし、それが無意識とあまりに切れた存在になるときには、男性の意識と同じになってしまう」(河合, 1982)。河合はこのような意識のあり方を女性に特有の意識とか、女性が持つべき意識ということではないと断言している。これは男女を問わずに持ち得る、自我＝意識の一つのあり様だというのである。以上のように、「女性の目で見る」とは、男性的な (すなわち通常の) 意識態度である〈分節的に把握する〉やり方に対して、意識でありつつも〈無分節的に把握する〉(井筒, 1983) というほどのことを意味し、その含むところは「眺める」意識に相当近

いと感じられる。いずれにしても一連の夢において明らかになってきたのは、「見る」（非常に強迫的な姿勢でもある）という男性的意識から、「眺める」という女性的意識に徐々に移行していく過程であったということである。

夢6について、実はもう一点重要なことがある。それは「他者と一緒に眺めている」ということである。
　この点について参考になるのが、北山修の『共視論』（2005）である。北山（2000）は浮世絵の中に母と子が同じものを見ているという構図（例：[図20]、[図21]）が多いのに気づき、「ともに眺めること（共視）」と呼んで、精神分析の知見から解釈した。この構図は浮世絵だけではなく、わが国の近代絵画の中にもその影響は残っている（[図22]）。北山はそこで、子どもはほとんど男児であること、父親はまったくと言っていいほど現れないこと、身体接触を

[図20] 喜多川歌麿《風流七小町　雨乞》（クリーヴランド美術館所蔵）

[図21] 栄松斎長喜《蛍狩り》（ホノルル美術館所蔵）

伴っているものが多いこと、などを見出した。さらにこれら浮世絵の中に非常に濃密な情緒的交流が描かれていることを明らかにし、これによりholdingの機能やわが国独特の母子一体感について説明できるとしている。この論の前提には、第2章でも触れた「共同注視 (joint visual attention)」の考え方が取り入れられているのは明らかである。

[図22] 上村松園（1932年）《虹を見る》（京都国立近代美術館所蔵）

　共同注視で重要なことは、「他者と同じものを見る」ことにより幼児の中に三項関係が成立する点であり、それはなによりも主体の確立のベースとなるということは第1章ですでに確認した。その上で、北山の「共視論」は、共同注視のポイントである三項関係の成立だけでなく、その場の情緒的交流に着目している点が重要な主張である。例えば、北山は「共視」は、浮世絵においてうつろいやすく、はかないものを眺めるような見方で見ているものが多いことを指摘している。具体的には、蛍やシャボン玉、花火などであり、その中でももっとも頻繁に出現するのが「月」である。そのようなものを身体接触とともにぼんやり眺めながら、非言語的な情緒的交流がなされているのがわが国の母子関係なのである。さらに北山の大事な論の展開として、そのようなはかない対象を媒介にして母親が時間的、空間的に距離を置いていく様子が観察されるとし、「共視は緩やかな母子分離を促すという、『つながり』の逆説性をはらんでいる」ことまで述べている（北山, 2005）。以上のような点から、「ともに眺める」あり方は治療的な構造の原初的な形と考えられるのである。

夢6は、二人で海を「眺め」ている情景と言うことができる。したがって、この情景を「共視」の枠組みで考えることは十分可能だろう。

ただし夢6において共視してくれるのは、母親ではなく男性である。これは当時の治療関係をある程度反映しているものと考えられるだろうか。この男性を治療者イメージとして考えると、母親ほどではないがある程度抱えられた状況で、しかもそのときに同じものを「共視」してくれる役割があって、はじめて治療が可能になることをこの夢は示しているように思われる。また、その状況の中で彼が治療者から離れて自立していくという方向性も同時に感じ取ることができる。

第3章「和歌の中の『眺め』」で論じたように、「眺め」はそのとき起こった情緒を他者に共有してもらってはじめて成立すると考えることができるものである。自分が感じたという自覚だけでは完結しないのが「眺める」意識のポイントであった。「眺め」はともにその情緒を共有してくれる人がいるとき、もっとも効力を発揮するのである。夢6で彼の他に登場した小説家が何をしているかと言うと、隣で詩を読んでいるのである。彼がそれを自分へのお告げのように感じているということは、相当にこの小説家に自分のことを理解してもらっていると感じている様子があるのである。それは言語化による理解ではなく、「同じものを眺めながらその情趣を共有してくれる」というあり方である。

このように見ると、「眺める」意識は、〈他者とともに眺める〉という視点を取り入れることでセラピストの治療的態度としても応用できる可能性を示しているのである。これについては、後の章で再び詳しく論じることになろう。

4.4　事例1のまとめ

わが国が「永遠の少年」型社会であるという見方に立てば（河合，1994a）、

母なるものからの自立というテーマは日本人全体の心理的課題と考えることができる。大胆な表現が許されるならば、Ａさんは現代日本人の課題を背負って面接に来られたと言うことさえできるのである。このとき「母なるものからの自立が大事」だと言って、〈分離し、はっきりさせる〉、すなわち「見る」意識によってのみでそれを成し遂げることは不可能であったことが、さらに問題を難しくしていた。そのため、彼の一連の夢と症状の変化は、「見る」意識に代わる新しい意識のあり方の模索となったのである。

　「眺める」意識というものがありうるとして、それを「見る」という男性的な意識より下等なものとみなすのではなく、同じ価値をもつものとして取り入れるとき（それは苦しい過程であろう）、意識の体系そのものに変化を与えることができるのではないかということである。それは現代人に共通する心理的課題を乗り越える一つの手がかりとなるはずである。

　これは、「永遠の少年は否定的な把握をされがちだが、それは西洋的な視点に立ってのことだからであり、観点を変えれば（母性から切り離されすぎるのも危険なので）、柔軟性のある、バランスの取れた構造と考えられはしないだろうか」と河合（1994a）が述べていることにもつながるだろう。すなわちＡさんは（彼の好きな『我利馬の船出』の主人公のように）大地を離れて海へ漕ぎ出す（切断して離れる）ということはできなかったけれど、逆にある決意のもと、その場に留まるということを選択したのである。それも一つの大人のなり方と言ってよいのではないだろうか。それこそが彼にとっての「眺める」意識獲得の意義だったと言えよう。

　ただし、永遠の少年の持つ「無意識とのつながりが強すぎる」という背景を考えると、「眺める」意識はダイレクトに達成されるべきではなく、一度は男性的自我による（西洋的な）「見る」を体験した後、再び第三の道として見つけ出すプロセスがあってはじめて意味をなすのだと考えられる。途中に「殺されるほどの見る」（夢4）が必要であったことが、それを如実にあらわしている。

　今回はＡさんが示してくれたように、いったん西洋的な（厳しい）「見る」

を経た後、「眺め」を獲得したことがすばらしいと感じられる。彼が最終回に「何も変わってないんかな」と言ったこともこの文脈によって理解できるように思われる。すなわち、単なる古代的な「眺める」意識の復興というより、それを自分らしく獲得するプロセスが重要であったということに、本事例の現代的な意義をみることができるのである。

第5章
事例2

5.1 事例の概要

クライエント：Bさん。女性。来談時40歳。

地方都市の出身で、大学卒業後上京。夢だった小学校の教師となり、当時は情緒障がい児のための通級教室の担任をしていた。眼鏡をかけ、いつもきちんとしたスーツを着て来られる。

主訴：「心の健康状態が知りたい」（少し不思議な主訴に思われた）。「7年ほど前にあるクリニックで夢分析を受けたが、自分には合わず泣いてばかりだった」と言われる。

面接構造：大学附属心理相談室にて一回50分、有料で行われた。面接はほぼ2週間に一度のペースで進んだ。

以下、「　」をBさんの発言、〈　〉をセラピスト（Thと略す）の発言とする。＃は面接回数を示す。

5.2 面接経過

◆第1期（＃1～＃11）X年～X年＋6か月

（＃1）Bさんの第一印象は、大変明朗な方だな、というものであった。そ

れは、論理的ではきはきとした話し方や、感情の細かな揺れを表立って出さないようにしていると見える姿などから受けたものであった。

「今、情緒障がい児学級の担任をしているので、生徒の前では『みんなと協力するように、助け合うように』と言っているんですが、自分で自分の言っていることができていない」と切り出される。ThはBさんが何か遠まわしに言いたいことがあるのだろうと感じ、そのまましばらく聞いていると、「実は……」と話し始める。「職場の同僚と上手くいかないのです」と。立場はBさんの方が上なのだが、その同僚はかなりきつい態度で接してくるという。例えば、Bさんの指導プランを検討した際、その同僚は「そんな綿密なものを出されたら、何も言えません！」と怒り出すという。「しかし、その方も自分のプランは同じように綿密なものを出してくる」と苦笑する。「そういう意味では似ているのかもしれない。あと、似ているところとして、『遊びがない』ところ」「私ももう少し遊びを増やせばいいのだけど、仕事でいっぱいいっぱいになっているところがある」と言われる。

面接後半から少しリラックスして話してくれるような感じがあったが、最後に「どうも私は語るのが苦手なようです」と言われ、はっとした。また箱庭療法に強い興味を示されていた。

（#3）Bさん自ら「今日は箱庭をやってみたい」と言われる。

箱庭①（[図23]）：家の前に細い川が流れ、〈あちら〉の台地に向けて橋が架かっているというもの。

「初めての箱庭で、どうやったらいいか怖くて、中学の頃よく描いていた絵をモチーフに作ってみた」と言う。「実は老後の夢なのかもしれない」と笑っていた。その次の回に「夢は"語る"ことはできるけど、それでどう？と聞かれると……。でも、箱庭はそれがなかった。それはいいようでもあるけど、それでいいのかなという感じも（笑）」と言っておられた。

職場では、子どもの人数が増えたこともあり、教師が1名増員される。その教師はベテランの先生で、柔軟な態度の取れる方。「それで（件の同僚との関係が）緩和される感じがあって、助かっています」と言う。

第5章　事例2　91

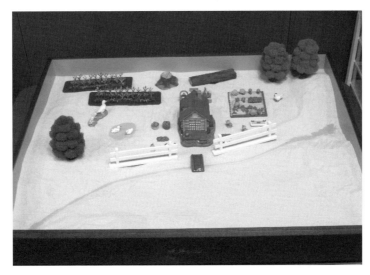

[図23] 箱庭①

　(#6) Bさんは髪の毛を少し茶色に染めたことで明るい印象に変わっていた。しかし面接では、「特に変わりはありません」と言い、続けてすぐに「今日は作りたいと思います」と言われる。
　箱庭②([図24])：中心に大樹を立て、そばにトナカイ(守り神だと言う)を置く。周囲は緑で囲む。Thにはトナカイが『もののけ姫』のシシガミ様のように見えた。

　箱庭③(#8)([図25])：四方から通路の交わる地点に半分ほど開いた扉があるというもの。

　(#9)「最近学校で大変なのは、校長先生なんです」「いわゆるKYで、思いついたことを急にやろうとする。かと思うと、3日したら全然別なことを言い出したりする。そのため、周囲もあきれている」と。「校長先生は臨床心理士なんだそうです(笑)」〈ひやー〉「通級の子で、敏感な子が、その校長先生を蹴っ飛ばした。子どもってすごい。よっぽど腹に据えかねていたんだ

［図24］箱庭②

［図25］箱庭③

ろうなって」この話でBさんもThも大笑いしてしまう。
　この頃の面接ではプライベートなことはほとんど話題にならず、仕事の話

ばかりで、私的なことが話題になるとBさんは困るふうさえあった。「(仕事において)いつも効率を考えてしまう」「休むのが苦手」という話。実際、授業の準備のために休日もひとり出勤してがんばっておられる。その他に話題はなく、沈黙もしばしば長い。Thは、Bさんが面接に来ている本当の理由は何だろう、目的は何だろう、と思うことが多かった。

箱庭④(#10)([図26]):前回使ったついたてを縦に積み上げ、はしごをかけ、頂上に家を置く。微妙なバランスを必要とするもので、何度も試行錯誤していた。制作後、「本当はもっと高くしたかった。夢で見たものを再現しようと思った」と言う。

この箱庭に関連してBさんは「もともと高いのは苦手でなく、上るのは怖くないが、ただ下りる時になんだか怖いんですよね。実生活でも高いところはまったく苦にしない。パラグライダーをやっていたので」と話す。Thが〈飛べる人が、下りる時に苦労しているというのが面白いですね〉と返すと、「たしかに、そうですね」と笑った。「パラグライダーの上手い人はまるで歩

[図26] 箱庭④

くように止まる。自分はお尻からドンと着いちゃう。下りること自体は怖くはないけど、ちょっとダメージがあるかな(笑)」と。よく考えたら、パラグライダーは飛んでいるのだけど、あれは気持ちよく下りているとも言えるのですね、という話になる。

この後Bさんは〈下りる夢〉を立て続けに見る(#11)。

【夢1】スキーのリフトのようなものに乗っている。下に縄梯子のようなものがあって、降りようとしている。降りづらく、ずるっとロープにしがみつきながら降りている途中。

【夢2】給食を片付けている。配膳室が地下2階にあり、そこへお盆とお皿を持って行こうとしている。階段がなぜか鉄板になっている。足元に食べ物が散らばっており、それを踏まないように避けつつ下りる。下に行くほどなんとなく暑くなる。

【夢3】マンションのエレベーターで12階まで上がり、その後外階段(螺旋階段)を下りる。「ああ、下りなきゃいけないのか」と思っている。

これらの夢について、Bさんは次のように語った。「考えたのは二つあって、一つは仕事のことかなあと。これまで上る方をがんばってきたから、今度は下りる方。具体的には手を抜くというか、要領よくするというか」と言われる。「でも、そういうの苦手なんですよね」と苦笑する。「もう一つは、41歳になって、人生の後半というか。上りだけではないということがあって、そういう準備のような意味もあるのかなと」〈なるほど……〉「教師は気持ちの若い人が多い。接している人が子どもだから。それはそれでいいのだけど……」〈気持ちだけ若いというのは、周囲から見るとアンバランスというか、どこかの校長先生のように、周囲が迷惑するとか(笑)〉「そうそう(笑)。でも自分も仕事しかしてこなかった。仕事がなくなったらどうなるんだろ

う」などと語られる。ThはBさんがそこまで考えを深めておられることに驚かされた。

◆第2期（♯12〜♯22）X年＋6か月〜X年＋1年3か月

この頃から、Bさんは面接の一回おきにコンスタントに箱庭を作られるようになる。

箱庭⑤（♯13）（[図27]）：秋の日の午後、公園のベンチにハリネズミが一匹座っている。

Bさんは「作り終わって気がつくことの多かった箱庭」と言われた。「これ（ハリネズミ）が自分なんだなあ」「左（夏）から右（秋）に向かって、ちょうど42歳の自分がいる。時間も午後2時。休んでいる感じ」と笑った。

面接ではベテランの先生について話題になる。「その先生はほんとうに無理がない。軽やかに生きている感じがして、すごく学ぶところがある」と言う。「ずっと一緒にいるので、無理をしていればわかるのだが、全然そのよ

[図27] 箱庭⑤

うな感じはなく、仕事もプライベートも楽しんでいる。実はその先生は乳がんを患っており、治療中であるにもかかわらず、そのような生き方ができていることがすばらしいと思う」と。〈ここ最近ずっと話題になっていた歳のとり方の話。身近にモデルになるような方がいらしていいですね〉「そうなんです」。

箱庭⑥（♯15）（［図28］［図29］）：島の周りに横倒しになった恐竜たち。丘の上に円形に石を並べ、その中心に金の卵を埋める。それを見守るような小さな金の招き猫を置く。作り終わった後、Bさんは「一時代の終り、という感じです」と言った。

この時期Bさんは、短いが印象に残ったという夢を一つ報告された。

【夢4】いろいろ経過があって、最後にビルの谷間に現れた二重の（M字型の）虹を眺めている。

箱庭⑦（♯20）（［図30］）：左上に小さな森と洞窟があり、その洞窟の前にカエルがいるというシンプルなもの。

「カエルはそこに"いる"んです。私がそこへ向かうんです。聞きに行っている。頼りにしているというか」〈ああ、なるほど〉座っている老人を置きたかったが、なかったのでカエルを置いたと言う。「これ（カエル）は、文殊（菩薩）様。ぴったりしたのがあったと思って」と。Thにはそのカエルが『スター・ウォーズ』のヨーダのような存在に見えた。「自分のこれからを聞きに行ったが、"止まない雨はない"みたいなことを言われて、わかったのかわからないのか、はぐらかされたような気もし、それについて考えざるを得なくなってしまった（笑）」〈そうそう。わかったような、わからないような（笑）〉。

箱庭⑧（♯22）（［図31］）：Bさんは砂に向かうと、やにわに手を突っ込み、勢いよく掻き分け始める。そして真ん中に大きな池を作る。その中には月が映っている。月は自分にとっての「安定」のイメージだと言う。池のほとり

第 5 章 事例 2 97

［図28］箱庭⑥

［図29］箱庭⑥（細部）

［図30］箱庭⑦

［図31］箱庭⑧

には、小さな青い花と鳥が置かれていた。「(鳥が鳴いているので)、ここには静かな音楽が流れているんです」この箱庭を前にして、ThはほとんどBさん

にかける言葉がなかった。

　しばらく後で、BさんもThもはっと気がついたのは、これは「池」を表現したのではなくて、「夜」を表現したのだということだった。だから青色のガラスで作った月であり、青い花であり、緑色の鳥だったのだなと。〈それならば、部屋を暗くして見てみましょう〉ということになり、電気を消し、二人でしばらくその月を眺めた。

　ThはBさんから何か新しいコスモロジーが生まれつつあるような感じを受けた。そして一緒にこの月を眺めることで、それを少し共有できた気持ちがした。

◆第3期（#23～#34）X年＋1年3か月～X年＋1年9か月

　この頃になると、同僚との関係は、間にベテランの先生が入ったことや慣れもあり、もはや問題ではなくなっている様子であった。

　（#25）この時期、Bさんはある研修会を裏方として手伝うことがあった。その会が終わり、ベテランの先生と片づけをしながら話していたときに、その先生が「明日からイタリアに行くのよー」と言われたことでものすごく驚いたというエピソードを語る。「自分はその会が大切だと思ってがんばってきたので、そのような余裕がなかったことに気がついた」〈ベテランってすごいですね〉「そう（笑）。切り替えがすごい」「それで私もすぐに申請を出して、久しぶりに休みを取って、海外旅行に行きました」〈それは！　楽しかったですか〉と聞くと、一息入れて「はい。すごく楽しかったです！」そして、旅行というものがいかに面白いものかについて、力を込めて話をされた。この出来事は、休み下手なBさんにとって非常に大きなことであった様子だった。

　箱庭⑨（#26）（[図32]）：砂を前にしてじっと立ち、瞑想するようにイメージが沸いてくるのを待っている様子だった。しばらくした後に、海を挟んだ二つの陸地を石を使って行き来できるようにしたものを作る。「左岸は日常で、右岸は非日常」であると言う。渡った先（非日常）にはマリア様が置かれ

[図32] 箱庭⑨

ている。Thはこの箱庭が一つの完成形であるような印象をもった。

　箱庭⑩（#28）（[図33][図34]）：前回の箱庭を想像させるものだった。砂を両端に掻き分け、右左に直線的な陸地を作る。左岸には家々が置かれる。川幅は広く、船を一隻、川を横切るように置く。渡った先には青い花が一輪だけ置かれていた。

　後日、Bさんはこれまでの箱庭を振り返りたいと申し出られたため、写真を見ながら話し合ったことがあった（#30）。

　まずBさんは箱庭⑨について、意外にも「作りたくはないんだけど、作ってしまった」と言った。Thが〈なぜでしょう。そこにはとても大事なものがあるように思う〉と言うと、「私もそう思います」と。続いて、箱庭⑩の方を「これは箱庭⑨の本質、エッセンス」だと言う。「こちらの方が好き」「腑に落ちます（笑）」と。この箱庭で大事なのはこれとこれと言って、横向きの船と対岸の一輪の青い花を指す。川は「三途の川」で、船はこちらからあちらへと人を渡す船だが、向こうからは戻ってこないという意味で一方通行だと。

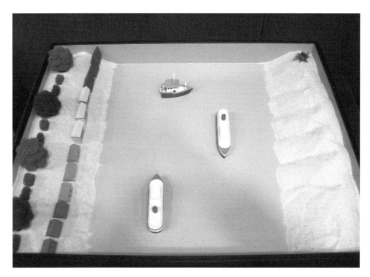

［図33］箱庭⑩

［図34］箱庭⑩（細部）

また「花は何かあるというサインだと思う」と言い、「それで渡る決心が本当についたのだと思う」「行くことが楽しみなんです」と言われた。

「(箱庭⑩は) 今見ても、潔いと思います (笑)。でも、何か捨てたものがあるんだろうなと」〈そうかもしれない。僕たちは、いいところだけ取って生きるということはできないんですね。大事なのは、何を手放したかということをきちんと意識しているということだと思います〉と言うと、「そう思います。そうでないと、自分で決めたことなのに、人のせいにしちゃう」と笑われた。

この面接の後、ほどなくしてBさんはカウンセリングを一区切りにしたいと言われた。最後となった面接で、Bさんは「その時はわからなかったけど、振り返ってみると一つのつながりがある物語になっているんだなあって思った」「自分にとっては、人間関係より、やはり人生の後半へ向かう課題が大きかったようです」と言われた。

5.3 考察

本事例は、表向き対人関係の悩みで来られたある中年期女性が、面接を通して、これから人生の後半へ向かって行かなければいけないことを自らの課題と感じ、それを箱庭によって表現していった事例である。その箱庭と本人の説明は、本書の中心テーマである「眺める」意識という観点を持ち込むことによって、よく理解できるように思われた。したがって、この事例の考察でも、中年期の課題に取り組むクライエントにとって「眺める」意識がどのような治療的意味をもったかについて、箱庭を主な素材にして論証してみたい。

5.3.1 中年期危機について

人生を便宜的に前半と後半に分けるならば、前半は成長・発展すること、すなわち上昇の方向性をもつものである。一方、後半は、表面的には失い・衰えていく下降の方向性である。中年期はちょうどこの「折り返し」の時期に当たると言えるだろう。

ところが、この折り返しは容易ではない。なぜならば、中年期は、徐々に

衰えていく肉体とその背後の死というものを意識せざるを得ないが、同時に、社会的には人生の中でもっとも充実している時期でもあるからである。体力的にも、老年期ほどの衰えはない。折り返すには惜しいような気にさせるのである。また、折り返そうにも、入学式や成人式といった儀式や飲酒喫煙などの制度上の区切りがあるわけでもないため、どのようにしたら折り返したことになるのか、本人にもわかりづらいのである。

河合(1994b)はこの「折り返し」の困難こそが中年期危機の本質であり、他の発達段階にない特徴として「転換期に立つ中年」という言葉であらわしている。

Bさんはまさにこの中年期危機に直面していたと考えられる。Bさんにとっての心理的テーマは、来談のきっかけになった同僚との関係ではなく、人生の後半へいかに移行するかということにあったのは明らかだった。これは面接の比較的早い段階から言語化されたし、Bさん自身もその後相当自覚的に取り組んでいった様子があった。

まず、**箱庭①**は、Bさんがあらかじめ考えてきたものを並べた作品である。にもかかわらず、そこには大変興味深い表現がなされているように思う。すなわち、後に何度か同様のテーマで制作される「渡河」のイメージがあらわれているのである。Bさんの抱えた「折り返し」の課題が「新しい世界への

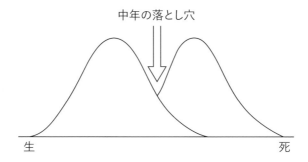

[図35] 転換期としての中年(『生きることと死ぬこと』(河合, 1994)より)

移行」でもあるならば、〈あちら〉の世界へ渡るようなイメージがあらわれるのはごく自然なことである。

　この**箱庭①**では、〈あちら〉へ渡る際の川は細く、橋が架かっていて、行き来できる。しかし渡った先（あちらの世界）には何もないのである。これから人生を折り返すときの不安や寂しさ、不透明な感じが出ているように感じられる。いみじくもBさんはこの箱庭を「老後の夢かもしれない」と言ったが、一軒家での理想の生活というだけなく、移行にともなう不安も表現されていたと見ることができる。

　箱庭②も印象的な箱庭であった。その場のイメージの動きにまかせて作ったという意味では、**箱庭②**の方をイニシャルな箱庭と言うことができるかもしれない。しっかりとした中心と秩序だった構成に、中年期の充実した感じがよく出ている。この箱庭は、Bさんのその時点でのまとまった世界観、一つのコスモロジーが表現されているように感じられた。一方で、もしこのようなコスモロジーから変化しなければならないとしたら、それは相当に困難で、抵抗もあろうと思われた。

　箱庭③についても、中年期危機との関連で見たならば、これから先の進み方を少し迷っておられる感じがよく出ているように思う。通路に対して斜（はす）に置かれたこのドアは、どのようにも行ける自由がある一方で、決まってない迷いも表現されているように感じられる。

　続く**箱庭④**は、断崖の上に、さらに高く不安定な形で家を置いたものである。ここでは「高さ」ということが大きなテーマであった。先に論じたように、人生の前半は上昇の方向性をもつものである。Bさんはこれまで上へ上へとがむしゃらに仕事をがんばる（休日も学校へ出て仕事をするような）方向で生きてこられた。それは楽ではないが、少なくとも望んだことであったろう。そのような努力によりものすごく高く上がってしまったが、「さて、次（転換期）」となったときに、上がったことが急に心細く感じられたり、下りることへの不安を抱くのも自然なことのように思われる。**箱庭④**にはそのようなイ

メージがあらわれていると見ることができるのではないか。それは、すぐ後の「パラグライダーの話」(高いのは苦手じゃないが、下りるのが下手)がさらによく言い当てていたように思う。

　この頃Bさんが立て続けに〈下りる夢〉(いずれも少しの困惑が感じられる)を見たことも納得がいく。Bさんは勘のよい方であったため、すでにこれらの夢について、それが人生の後半へ向かっていく課題なのではないかとまで言っている。

　箱庭⑤は、夏を過ぎて秋へと向かう季節に、公園で一匹のハリネズミ(私だったのかもしれないとBさんは言った)が佇んでいるのである。中年期の課題に直面した様子をあらわすのに誠にぴったりしたイメージであるように思われる。この箱庭を経て、Bさん自身の中で「人生の折り返し」というテーマがしっかりと自覚されていった様子があった。

　続く**箱庭⑥**では、横倒しにされた恐竜たちと小さな金の卵から、何か荒々しいものが死んで、新しいものが生まれるような予感がある。作り終えたBさんは「一時代の終わり、という感じ」と言った。「転換期に立つ中年」は人生の前半と後半というもっとも大きな区切りをつけなければいけない課題に直面した人たちである(河合，1994b)。その前半が終わったことをしっかり意識させた箱庭表現であったと理解できる。

　この時期Bさんは二重の(M字型の)虹を眺めている夢を見ている。このBさんのシンプルな夢は筆者の心を強く打った。

　河合(1996)は中年期危機について「クライシスとは分岐点であるし、山の尾根のように空間を二つに割る線である」と言い、ある中年のクライエントが「夕日が美しく沈んでゆくのを見ていて、ふと後ろを振りむくと、もう一つの太陽が東から昇ってくる」という夢を報告したことを述べている。「これからの人生は、一山型のカーブではなく、双子型の山の軌跡をたどることになり、一回目の山を越え、二回目の山にとりかかろうとするあたりが中年に当たると考えられる」(河合，1996)のである。その意味で、BさんのM字

型の虹の夢は大変に重要なイメージであったと思われるのである。

　この場合、この虹に対して、Ｂさんが分析的に向かうのではなく、「眺めている」ということは大事であったかもしれない。本書のテーマである「眺める」意識と関連するため、ここに特記しておきたい。

5.3.2 「老」の意識と「眺める」意識

　箱庭⑦は、「眺める」意識という点から重要なものと考えられるので、詳しく検討したい。

　箱庭⑦は、『スター・ウォーズ』のヨーダにも見えるようなカエルにＢさんがアドバイスをもらいに行ったというものである。「これから先をどのように進んでいったらいいか」を聞くと、なんとも言えない、「わかったような、わからないような」不思議な答えが返ってきたのである。このカエルは人生の岐路に立った者に進むべき道を教えてくれる知恵者としての〈老賢者〉イメージを非常によくあらわしているもののように感じられる。「老人を置きたかったが、なかったのでカエル」と言ったＢさんの発言もこれを支持するだろう。

　このカエルのように、若者を導く知恵をもつ不思議な雰囲気の老人、すなわち〈老賢者〉はわが国ばかりでなく他の国の昔話にもよく出現する普遍的なイメージである。面白いのは、河合（1982）が指摘するように、わが国の昔話は他国のそれに比して老人がたびたび登場することが特徴で、そこからこれら老人のありようは日本人の意識をあらわすのにふさわしいのではないかと言っていることである。

　さて、本事例のように、老人の知恵は（結果的にはその人を導くものであっても）その場では「なんだかよくわからないもの」が多い。一方で、すぱっと、「こうだからこう」と示されるものは青年の知恵のあり方である。老人のアドバイスは必ずと言ってよいほど不明瞭なのである。筆者はこのカエルのようなアドバイスのあり方は、Jung派の分析家Hillman, J. によって提唱された「老」の意識（セネックス・コンシャスネス）によってよく説明できると考える。

Hillman, J. は、「老」の意識の特徴の第一は「両面性」にあると言う。河合(1994b)も「老」の意識について「老の意識は青年の意識ほどにものごとを明確にとらえることはできない。ただ、生と死、有と無という両立しがたいものを、全体性の中に(青年の期待する明確さはないが)まとめあげている」と言う。すなわち、「両立しがたいものを両立させる」のが「老」の意識(セネックス・コンシャスネス)であり、であれば、そもそも「分ける」ことを基本とする通常の意識とは異質なものである。そのような意識から出た知恵が「わかりにくい」のは当然であろう。

　このように見たとき、カエルのアドバイスの根底にある「老」の意識は、本書がテーマとして追及している「眺める」意識に類似点が多いものであると考えることができよう。なぜならば、「眺める」意識は(カエルの言葉のように)"あえておぼめかす"(井筒, 1983)やり方をとるものであり、そこに「存在の深みを感じようとする詩的意識」だからである。同様に、あらゆるものを明確にしていく「青年」の意識は、本書で言うところの「見る」意識に対応していると考えることができる。「いつも効率を考えてしまう」Bさんは、まさに青年の意識によってこれまでがんばって生きてきたのだと思われる。そこで中年期にさしかかり、これからは別の意識のあり方を取り込むことが求められていたのである。このときBさんがカエルのアドバイス(「老」の意識)をそのまま(眺めるように)受け入れたことがすばらしいと感じられる。

　このような見方に立つならば、本事例で重要な治療的転機となった箱庭⑦は、人生の折り返しがテーマとなっているクライエントにとって、青年の意識だけでなく「老」の意識を取り入れることを示唆し、それは意味合いとしては、「見る」意識から「眺める」意識へという構造の中で理解できると言ってよいだろう。

　ここに来て、まったく新しいコスモロジーともいえる次の箱庭⑧『池に映る月』へとつながるのである。

5.3.3 二人で月を「眺める」こと

箱庭⑧も、「眺める」意識という観点を用いることで新しい理解が可能になる。

箱庭⑧では、それが池を表現したのではなく夜を表現したのだと気がついたとき、部屋の電気を消して、二人で箱庭の月を眺めてみた。ここにはクライエントとセラピスト両者にとって、言語化しづらいながらも大事な体験があったと思われる。

そのポイントは次の二点にまとめられるだろう。

第一点は、眺める対象が「月」であったことである。太陽が男性的な上昇原理であるとすれば、月は女性的な下降原理であり、また満ち欠けするものでもあり、これから老年期へ向かうにおいて非常に適切なイメージだったと考えられる。Bさんが「月は自分にとって安定のイメージだ」と言っていたこともこれを支持するだろう。月が女性性を意味することについて、Neumann, E. は古代エジプトのオシリスの神話をベースに月を母権的意識と関連付けることによって論じている（Neumann, 1971 / 2006）。ここで母権的意識とは、切断を経験する前の混沌とした意識のあり方を意味する。河合（1982）によれば、母権的意識の特徴の第一は、それが無意識と切れた存在ではなく、あくまで無意識との調和と共鳴の中に存在していることだと言う。これは事例1で論じた河合（1982）の「女性の意識」という考えとつながっている。「男性の意識を太陽になぞらえるならば、闇夜を照らす月光こそ、女性の意識を示すのにふさわしい」（河合, 1982）ということになろう。

すなわち、本事例で〈月を眺めた〉ということは、月にあらわされるような下降原理の重要性を、「見る」意識で（分析的に）理解するのではなく、「眺める」意識において（詩的に）感得するということが行われたということである。これを言い換えれば、中年期の課題を抱えた人にとって、母権的意識の重要性を母権的意識によってとらえたという意味で、二重に重要であったと読むことができるのである。

第5章　事例2　109

　第二点は、箱庭⑧を「二人でともに眺め」たということである。すぐに思い出されるのは事例1における「ある男性と一緒にぼんやりと海を眺めている夢」(夢6)であろう。
　先に一度論じたが、この「ともに眺めること」の治療的意義をもっともよく説明するのは、北山修の『共視論』(北山, 2005)であろう。北山の『共視論』については、事例1で詳しく取り上げたので省略する。ここでは「ともに眺める」あり方が、三項関係をはらんだ形での母子一体的な状態を意味し、治療的な構造の原形とみなすことができるものであるという点だけ指摘しておこう。ちなみに、北山(2005)は「共視」を着想した浮世絵の母子像の分析から、眺める対象が「ぼんやりとした、はかないものが多いこと」、その中でも特に〈朧月〉が際立って多いことを発見している。今回の事例で「ともに眺め」たのが箱庭の月であったことも、あながち偶然とは言えないであろう。
　Bさんはもともと「語るのが苦手」で、かつての夢分析の失敗体験もここに起因していたと考えられる。したがって、Bさんにとって箱庭という表現手段と、言語化せずにそれをともに「眺め」てくれるセラピストの存在が重要であったことは十分推測できる。共視は、ここに二者間の情緒的交流という視点を与えてくれて有益である。
　Jung派分析家のHillman, J. はかつて「葛藤を解決する際に、西洋人はロジカルということしか思い浮かばないが、日本人は葛藤を美的に解決する手段をもっている」と言ったという(河合・中村, 1993)。Bさんは新しいコスモロジーとしての『池に映る月』を作ることで中年期にともなう移行の課題を、ロジカルにというよりも美的に解決したのではなかったか。そのとき、それを抱え込みながら同時に共感する者として、「ともに眺める」治療者の意義があったと思われる。セラピストである筆者が当時ちょうどBさんと同じ中年期の者であったことも、情緒的交流としての「共視」の効果を高めるのに一役買っていたと考えられる。
　本書のオリジナルな視点は、山崎(2008)を使って、「眺め」が他者の共感を前提として成立することを指摘した点であった(第2章「和歌の中の『眺め』」)。

この指摘に沿えば、「眺める」意識もそれ単独では成立せず、他者に共感されることがなにより重要なものなのである。すなわち、二者という視点を追加することで情緒的交流が視野に入ってきたとき、「眺める」意識のtherapeuticな意義がより明らかになるのである。

　　もの思ひて　ながむる頃の月の色に　いかばかりなるあはれそむらむ
　　　　　　　　　　　　　　　　　　　　　　　　　　　　　　（西行）

5.3.4 〈あちら〉の世界を「眺める」こと

　Bさんの箱庭で筆者が特に感銘を受けたのは、最終回へ向けての二つの箱庭だった。それらは中年期の課題としての移行のイメージがあらわれていたものだった。最後に、この二つの箱庭を「眺める」意識という観点から読み解いてみたい。

　箱庭⑨は「海を挟んで向かい合う二つの陸地の間を飛び石を橋として渡る」というものであった。全体がシンメトリーになっており、二つの世界の行き来は自在である。しかもマリア像の出現により宗教的なものの支えも感じられる。筆者はこれを見て、当時最後の箱庭になるのだろうと感じていた。

　ところが、Bさんはその後の面接で、箱庭⑨を「作りたくはないんだけど、作ってしまった」と振り返り、一方で、箱庭⑩について「こちらの方が好き」「（箱庭⑨）が下書きで、（箱庭⑩）が清書」と言われたのである。筆者は前回の方を完成型と見た自分の不明を恥じ、Bさんに伝え、また率直に話し合った。Bさんは箱庭⑩の川を三途の川と説明した。しかもBさんは、このとき「あちらになにかある」から、「行くのが楽しみなんです」とさえ言ったのである。この場合、〈こちら〉を成人期（あるいは生）、渡った先の〈あちら〉を老年期（あるいは死）と読むことはさほど不自然なことではあるまい。

　ここで重要だったのは、一見意味がわかりやすい箱庭⑨をわざわざ彼女は否定して、もう一度作り直したということ。そのとき、渡った先に「何があるか」についてクリアにしないで、とりあえず「ある」ということを示すに

とどめたということだったろうと思う。このときのBさんの気持ちを治療者がどれくらい深く理解できるかが、面接場面できわめて重要なことであったと考えられる。

中年を迎えたBさんにとっての心理的課題は「人生の折り返し」にあったと考えてよい。この課題に対して、最初は「折り返した先」(あちらの世界)に「"何が"あるか」が重要だったのではないだろうか。そこにポジティブな意味がくっきりと見出せれば、〈あちら〉に渡りやすいからである。しかし、現実には下降した先にポジティブな意味があると単純に信ずるのは難しく、また現代人として〈あちら〉の世界に宗教的なものを想定して、それを支えに下降を生きるというのも難しい。一方で、いわゆるアンチエイジングと言われるような下降に抵抗し続けるような生き方も現実的ではないだろう。

Bさんはそこで、既存の表現を使わずに、あちら側へ渡ることを示してくれた。それが「あるというサイン」としての小さな花だったのである。このような〈あちら〉のとらえ方は、「見る」意識では十分に納得させづらいであろう。「見る」意識は"何が"あるかをはっきりさせずにおかないからである。しかし、Bさんは、何があるかはわからないが、「ある」(井筒でいう「存在」)を感じ取ることによって、(場合によっては、楽しみに)渡れると言ったのである。Bさんの最後の箱庭のような〈あちら〉のとらえ方は「眺める」意識という考えによってはじめて納得できるのである。「眺め」は「見ることで本質が明らかになってしまうことを避ける効果」があり、「そこに詩的情緒の纏綿があり、存在深層の開顕がある」(井筒, 1983)のである。

　　何事の　おはしますかは知らねども　かたじけなさに涙こぼるる

　　　　　　　　　　　　　　　　　　　　　　　　　　　　　(西行)

5.4　事例2のまとめ

中年期を迎えたBさんにとって課題となったのは、いかに人生を折り返す

かという問題であったことは明らかだった。この課題に対して、最初は「折り返した先」（あちらの世界、生と死で言えば死）に何があるかが重要だった。しかし、彼女にとってそのような「明らかにしようとする」意識は先の問題について十分な納得を得ることができるものではなかった。そこで、Bさんは〈あちら〉を「眺め」るようにとらえるあり方を見出したのである。それは単に曖昧にして先延ばすということではなく、むしろ「折り返し」の決断を支える大きなシフトチェンジだったのである。それは同時的に、Bさんにとって（「老」の意識に代表されるような）新しい意識の獲得ともなっていたと考えられる。

　Bさんが箱庭⑨であちら岸にマリア像を置いて、いったん終結しそうになりながら、やはりそれを除けて、単に一輪の花を置いたのは、何かクリアな意味／信仰をもちえずとも下降する人生を生きていかなければならない現代の中年期の特徴をよくあらわしているのではないだろうか。そして、「眺める」意識という観点を用いることで、そのようなBさんの納得の仕方がよく理解できるように思われるのである。

　余談として、筆者は最後まで気がつかなかったが、最後の箱庭⑩で〈あちら〉に置かれた小さな青い花は、箱庭⑧の池のほとりにすでに咲いていたのだった。

第6章
心理療法という営みと「眺める」意識

　「眺める」意識の提案は、臨床事例によってその意義が確かめられることが必要であった。本書では二つの事例をあげてそれを行ってきた。しかし、「眺める」意識は特定の症状や特定のクライエントにとってのみ意義あるものではなく、心理療法という営みにとって共通して重要な役割を果たすものであることは明らかである。よって、本章では「眺める」意識のもつ心理臨床的な意義とその独自性をあらためてまとめたい。

6.1　意識の偏りを補うものとしての「眺める」意識

6.1.1　「見る」意識に対する「眺める」意識

　これまで事例を通して明らかになったことは、おおむねクライエントが「眺める」意識を獲得することが事例の転機、あるいは目標になっていた、というものであった。実際は、「見る」意識の働きを重視し、それを推し進めることによって生きてきた人が、一つの意識に偏りすぎたゆえに強迫神経症となったり、中年期危機を上手く乗り越えられなかったりしていた。そのような人たちが面接の過程で新しい意識のあり方として「眺める」意識を獲得、あるいは再発見し、それが治療上の転機となっていた、ということである。すなわち、強すぎる「見る」意識の一面性を「眺める」意識が補ったとみ

なすことができたのである。

　このメカニズムをもう一度各事例において確認しよう。

　事例1のAさんの心理的課題は「母なるもの」からの自立ととらえることができた。自立とは「個」になることで、〈分離し、はっきりさせる〉すなわち、「見る」意識の出番である。言い換えると、Neumann (1971 / 2006) が指摘したように、意識は独立した自我を成立させるために無意識的なものから「距離をとること」が必要だったのである。Aさんの場合、それは母性のネガティブな側面を見ることを意味していた（北山, 2001）。

　このため面接前半のAさんの夢は、はっきりさせるために「見る」というテーマが繰り返しあらわれた。そのクライマックスは〈見るなの座敷〉型の夢（夢4）であった。ここで母性のネガティブな側面を見たのである。ところが、わが国の永遠の少年においては、そのような「見る」意識の強調だけでは、自立の問題について十分な解決を達成することができなかった。それほどわが国の「母なるもの」の力は強烈だったのである。〈分離し、はっきりさせる〉「見る」意識の確立はAさんのテーマとして第一義的に目指される必要条件であった。しかし、わが国においては十分条件ではなかったのである。この時期、Aさんの症状はいったん改善したものの、その後ぶり返し、一進一退を繰り返していた。

　その後、「見る」夢から「眺める」夢への変化があった。すなわち〈二人で海を眺める夢〉（夢6）である。夢6を契機に、一進一退を繰り返していた症状は急速に軽快へと向かい、安定していったのである。

　夢6は、対象の明確化より情趣の方に力点が置かれ、ためにわざと「はっきりさせない」ように見るあり方をあらわしていた。「母なるもの」のネガティブな面に直面しながら、それを切り捨てるのではなく（彼が好きだった『我利馬の船出』[灰谷, 1990] のようにはいかなかったけれど）、葛藤の上で、もう一度そこに留まることを決断したのである。その哀切を「眺め」によって表現しているのである。この「眺める」意識によって、言語でクリアになる意味とは異なるフェイズにおいて、Aさんは何かを感じ取ったのではないか。それ

はおそらく眺め手にとって（特にそのような意識のあり方がJung, C. G. の言う「影」になっている人にとって）、存在を大きく改変するほどのインパクトをもっただろうと思われる。特に、今回はAさんが示してくれたように、いったん西洋的な（厳しい）「見る」を経た後、「眺める」を獲得したことがすばらしいと感じられる。すなわち、単なる古代的な「眺める」意識が大事というより、「見る」意識との葛藤の中でそれを獲得していくプロセスこそが重要であった点に現代的な意義を見ることができる。

　事例2のBさんは、中年期を迎えいかに人生の後半へ移行するかが心理的課題となっていた。中年期は上昇の限界を迎え、下降へとシフトしていく時期である。このような中年期は「『する』ことも大切だが、『ある』ことも同じくらいに大切になる」時期である（河合，1994b）。すなわち、「生」や「すること（doing）」に偏りすぎず、「死」や「あること（being）」まで取り込んでいくことを考えなくてはならなくなったのである。それは、青年・壮年の意識だけでない、「老」の意識の価値を認め、それを取り込むことができるか、と言い換えてよさそうだった。
　ただし、第5章で触れたように、充実の只中にいる中年期の人にとって、その移行は決して容易な作業ではない。
　Bさんの面接経過では、箱庭がその取り組みを表現してくれるものとなった。Bさんの箱庭には、〈こちら〉から〈あちら〉への移行をあらわす「渡河」のテーマがたびたびあらわれた。そこにおいて当初重要だったのは、「渡るために、渡った先に何があるかをはっきりさせる＝見る」ということであった。第2章の木村敏の言葉を借りれば、「あちらにあるもの」を見ようとしていたのである。初期の箱庭①では〈あちら〉には何もないということが表現された。その後、古い意識の死（箱庭⑥）と老賢者のアドバイス（箱庭⑦）、さらに新しいコスモロジーの発見（箱庭⑧）を経て、最終的に〈あちら〉にマリア像を置くことで「渡河」のテーマについて解決がはかられそうになった（箱庭⑨）。しかし、最後の最後でBさんはマリア像を一輪の小さな花に置き換え

たのである（箱庭⑩）。「何が」ではなく、「ある」の方にインパクトをずらした瞬間であった。結果としてそれは、「折り返した先にあるもの」ではなく「私が人生を折り返すこと」をどう引き受けるかを示すことになったのである。Bさんは、だからこそ「未練を残さず」「少し楽しみにして」渡り切ることが大事だと言ったのである。それらを考察では「見る」意識から「眺める」意識への変化という文脈で読み解いたのである。

これをBさんの現実生活に見るとすれば、どうなるか。Bさんが休日も出勤して仕事に打ち込んできたことは尊い。しかし、その生き方に無駄や遊びはまったく存在しなかった。それは「いつも効率を考えてしまう」（「見る」意識中心の）生き方であった。そのような意識態度は青年・壮年の時期には有効に働いたが、しかし、中年期を迎え、それだけで生きていくことに不安や困難を感じたのではあるまいか。「眺める」意識の獲得は人生の折り返しに直面した人にとって必然的に重要であったのである。面接の後半に、思い立って休暇を取り、海外旅行に行くことができるようになったことは、先述のdoingからbeingへの移行という点でも重要なことであったと考えられた。

以上のように、両事例とも、「眺める」意識の獲得はクライエントの強すぎる「見る」意識の一面性を補うという治療的意義をもっていた。これを個別の症状や状況に限定せず、広く〈特定の意識への偏りを補う物語〉とみれば、心理療法にとってこれほど普遍的な枠組みはないとさえ言えるのである。

6.1.2　Jung, C. G. の「補償」との異同

ところで、分析心理学の立場から言えば、意識の一面性を補うということはまさに治療の本質であり、核心中の核心である。この意識の一面性を補うという心的働きを、Jung, C. G. は「補償（compensation）」と呼んだ。ここで考えてみたいのは、「眺める」意識の獲得は果たしてJung, C. G. の補償という概念をそのまま当てはめてもよいだろうか、ということである。この点を

整理することによって、「眺める」意識のもつ治療的意義のオリジナリティもおのずと明確になると考えられる。

　Jung, C. G. は補償について広くとらえ、「意識機能によって生じる構え全体の偏りを相殺するように無意識が活動すること」(Jung, 1921 / 1987) と考えている。より具体的には、無意識が意識の偏向のバランスを取るように働き、結果全体の統合を取り戻すプロセスのことであって、例えば、夢の機能の第一はこの補償と見なされる平衡性の獲得である (Jung, et al., 1964)。

　結論から先に述べると、筆者は「眺める」意識の獲得とは、Jung, C. G. の言う補償という考えにあまりそぐわないのではないかと考えている。というのは、Jung, C. G. が「意識の一面性を補う」と言うとき、その意味するところは、意識の偏りを「無意識の価値を再発見し、統合する」という形でリバランスさせるということであり、したがって、意識そのもののありようの変化ではなく、意識と無意識のバランスの変化なのである。一方、筆者の提案する「眺める」意識の獲得は、そもそも他にも意識のあり方があるのではないかというロジックになるからである。

　Jung, C. G. の治療モデルにおいては、意識体系は意識から無意識に向かって垂直方向に展開することを想定されており、その垂直軸の中心に、バランスをとるポイントとしての自己 (self) が置かれる。また当然ながら、「無意識の価値を発見する」ために、必然的に意識は下方に向かって探索的になり、無意識の領域に光を当てて明らかにする (すなわち「見る」) 働きが強調されることになるのである。このように Jung, C. G. の補償のモデルにおいては、意識の機能はあくまで従来型のパラダイムの内にあるのである。

　一方で興味深いのは、最初に「眺める」意識を提案した井筒 (1983) が「意識は水平軸にもいろいろな形がある」と述べていることである。「眺める」意識は明らかにこの水平的に展開する意識のありようである。いわば扇状に拡がる意識のヴァリエーションの一つが「眺める」意識であり、「見る」意識さえもその主要な一つに過ぎないということになる。拡げた扇を立てて置いたとき、上の節の多さが意識態度のパターンであり、下の要の部分が Jung, C.

G. の言う自己（self）に当たるだろう。この場合、扇の上の部分が閉じきってしまっている場合は、意識のヴァリエーションが少ないということでもあり、従来の意識—無意識モデル（すなわち「見る」意識のみ）と同様になると考えてもよいだろう。

　「見る／眺める」は、意識の変化に対する垂直軸のパラダイムから水平軸のパラダイムへの視点の変更であり、ここがもっとも強調されるべき点なのである。

　さて、意識が水平方向に展開した場合は、当然、「**意識はいろいろ違った仕方で意識であり得る**」（Merleau-Ponty, 1945 / 1967）ということになり、（無意識との間にバランスを取るというよりも）その融通無碍、多様性を保持することで、特定の意識への偏りを是正することになるだろう。例えば、わが国の禅はそういうところを目指しているのではないかと思われる。この場合注意しなければならないのは、意識というものの本質はあくまで「分離し、はっきりさせる」機能であるので、この主機能を完全に無視するほど多様性を重視しては、現実的には生きづらくなるだろうということである。

　ところで、井筒はそのような「水平方向に解釈展開する意識」について、「それは第一次的には文化意識の問題である」と述べている。すなわち、文化的に色づけられた意識のヴァリエーションということである。

　これは少し複雑だが、以下のようにまとめられている（井筒, 1983）。

　　その具体的脈絡の中に生まれ育った人間の意識が、一々のテクストに固有の価値聯関のかもしだす濃密な雰囲気の中で、人間意識一般であることから抜け出して微妙に特殊化し、色付けられ、その働きもまたおのずから特異な傾向性をもつにいたるだろう。

　　これは、文化的テクスト間の相違によって、人間意識もまたさまざまな類型学的差異を示すということである。意識が「……の意識」とい

う形でノエーシス的に関わる存在分節、すなわちノエーマ体系、が文化ごとに異なるだけではない。「存在」にどんな角度から、どの単位に認識的照明が当てられるかが文化ごとに著しく相違するのである。

以上のように、「眺める」意識の提案は、文化的な意識の働きを重要視する流れの中にあると考えてよいだろう。同時にこれは、「甘え」概念の場合のように、〈わが国に特徴的〉でありつつ即〈普遍的〉である、と言えるものではなく、あくまで文化的な脈絡に限定しながら考える必要があるものである。井筒の言葉を借りれば、それは「わが国独自の『存在』への認識的照明の当て方」であるためである。対して、Jung, C. G. の「補償」はむしろ普遍的なモデルであり、その点で「眺める」意識とは異なるのである。

以上から、「眺める」意識獲得のもつ「意識の一面性を補う」という治療的意義は、Jung, C. G. の「補償」とは異なる仕組みであると考えることができる。本来意識は水平方向にも展開する可能性（仕組み）があり、他国には他国の文化に色づけられた意識がまた存在しているはずである。ただ、わが国の人々は人間意識一般だけでなく文化意識にもよく開かれていて、その仕組みを利用することが上手であったのではないだろうか。「眺める」意識はそのよい例となる。

今後は、水平軸に広がる新しい意識パラダイムが必要になるのではないだろうか。それは井筒俊彦が言うように民族・文化的な意識の傾向を深く検討することによって明らかにされるだろう。上記の点を踏まえて、「眺める」意識をより普遍的なものへと立ち上げていく作業は、今後に残されたもっとも重要な課題としておきたい。

6.2　セラピストの治療的態度としての「眺める」意識

前節でクライエントの立場から「眺める」意識のもつ治療的意義についてまとめた。しかし、事例を詳細に検証すれば、「眺める」意識はセラピスト

の立場からも同様に重要な治療的働きがあることが明らかであった。ここでは事例をまとめながら、その点をより明確にしたい。

セラピストの治療的態度としての「眺める」意識は、以下の三つの側面からとらえることができるだろう。

6.2.1 訴えを「眺める」こと

一つ目は、問題や症状からくるクライエントの訴えに対する、焦点を当てないで、ぼんやりと受けるようなセラピストの態度と表現できるものである。これは一見、通常のセラピストの態度と反するものであるように思われる。一般には、心理療法とは隠されたものや抑圧されたものが徐々に明らかになっていく（より具体的には言語化していきながら）ことで解決に向かうものと考えられているため、セラピストの態度もぼんやりとしたものではなく、クリアになっていないと困るはずだからである。ところが、多くの臨床家は必ずしもそうではなく、むしろぼんやりとした意識の重要性を指摘してきた。古くはFreud, S.が「平等に漂う注意」（Freud, 1912 / 1983）と呼んだ治療者の態度がそうであろう。Freud, S. は、精神分析の技法はなにも特殊な手段ではなく、きわめて簡単なものだと言う（Freud, 1912 / 1983）。それは、「何事にも特別な注意を向けず、一切の事柄に対して『平等に漂う注意』を向けるだけ」だというのである。Freud, S. はその理由も述べていて、特定の注意を向けるような意識のあり方は「選択」（本書で言う意識のもつ〈分離し、はっきりさせる〉働き）をしていることになり、そのような意識態度ではもっぱら自分の主観的な期待を追い求め、すでにそれまで知り得た以上の事柄を見つけることができなくなってしまうからであるとする。意識の「知る」働きを誰よりも重視したFreud, S. でさえこのような技法について言及していたことが興味深い。

わが国では、河合隼雄が治療的態度のコツとしてしばしば「現実を夢のように聞く。夢を現実のように聞く」という表現を用いている。大変興味深い表現である。この前半部分は、ぼんやりとした意識で現実の話を聞くという

意味であるが、これを、現実を夢より軽んじているというふうにとらえるべきではない。むしろ現実を先入観なく、ありのままにとらえるために意識をぼんやりとした状態にもっていくという技術的な面が語られていると考える方が正確であろう。同様のことは例えば、精神科医の神田橋條治なども述べている (神田橋, 2006)。神田橋は、人間は一つのまとまりの中にあるため、部分を細かく見ることも大事だが、むしろ全体を見ることがきわめて大事であると言う。その参考として、東洋医学では熟練した観察を「ぼんやりとしっかり見る」というふうに表現するが、これが宮本武蔵の「観の目」にあたるのだと紹介している (神田橋, 2006)。第2章において、「眺める」意識と「観の目」の共通点を指摘したが、治療的文脈においてまさに同一線上にあることを証明する論である。

　前川美行は、心理療法の場とは変容の力が働きやすい環境を作り出していくものであるとし、そのためにはセラピストの意識をよい水準で保ち続けることが重要であるとする (前川, 2010)。ここで、よい水準の意識とは、具体的には、治療者が意識を研ぎ澄ましつつ、一点に集中せず少しぼんやりとしながら話を聴いている状態だとされている。前川は、そのような態度でいると、偶然の出来事も含め、変容の力が働きやすいのだと言う。つまりは、開かれているからかえって変容の力をとらえやすいと言うのであろう。筆者も実践的にはその通りであるように思う。もちろん言うまでもないが、このような態度は決して簡単に得られるものではない。むしろ非常に疲弊することであり、前川は、臨床家はそのために訓練を受けているのだとまで言っている (前川, 2010)。

　さらに少し別の角度からも考えてみよう。森田療法の技法である「不問」という考えは、クライエントの訴えを「眺める」ようなセラピストの態度の意義を考えるとき、参考になるだろう。藤田 (1998) は、森田療法の到達目標は「ありのままでいられること」とし、そのための治療者側の技法的特徴を「不問」であるとした。より詳しくは「病態不問」である。「病態を不問とすることで、それを異質なものではなく『常態』として理解し、受容するこ

とで、患者の自己受容を可能にする」(藤田, 1998)という逆説的ロジックである。これは森田療法が他の心理療法と際立って異なる点と言えよう。「不問」は一見クライエントを突き放すような印象を与えるものだが、実はこの不問的態度は強い empathy に裏打ちされていると言われている（北西, 2004）。empathy（共感）を背景とした「不問」というセラピストの態度を受けて、かえってクライエントが自己へ向かい合わざるを得ないようにさせる仕組みなのである。この「不問」も、あえて明確にしないという意味で「眺める」意識に共通点が多いものである。

　これらはすべて、セラピストの治療的態度としての「眺める」意識の意義を述べているとみなすことができるだろう。

　事例を振り返れば、Aさんのような強迫神経症者との面接では、「はっきりさせる」ことにこだわると、強迫というクライエントの症状をかえって強化してしまうおそれがあった。そのため、強迫神経症の治療においては、症状の訴えに対し、内容を明確化していきながら答えるのは得策ではなく、むしろ治療者の態度はぼんやりとしたものが望ましいという意見さえあるほどである（例えば［中井, 1985］）。このようなことを考えると、セラピストの「眺める」意識は理にかなっていたのかもしれない。

　事例2のBさんは自らを「しゃべるのが苦手」と表現した。以前の夢分析の失敗体験もここに起因していたと考えられた。このような言語化を苦手とするタイプのクライエントにも、ぼんやりと受けるようなセラピストの態度が重要であったことは明白だろう。Bさんの場合、特に箱庭療法を介在させることによって、それは助けられた。

　このようにセラピストの治療的態度として、訴えを「眺める」ような意識の有効性を主張することは認められるだろう。

　ところで、わが国以外にも上記のようなセラピストの治療的態度としての「眺める」意識を説明しうるものが存在する。それが negative capability とい

う考え方である。ここでは比較のために少し触れてみたい。

negative capability とはとても不思議な言い回しであるが、もともとイギリスの詩人Keats, J. が使用した言葉とされている。Keats, J. は19世紀前半のロマン派を代表する詩人であり、彼の、自然をたたえた透明感のある詩は今なお人気が高い。 negative capability は一種の詩の境地を表現する重要なアイデアで、彼の性格や詩人的態度（poetical character）をあらわすキーワードとして注目されてきたものである。

ここでは、もともとのKeats, J. の考えに沿って、「眺める」意識と negative capabilityの親近性を簡潔にまとめてみたい。

藤本（2005）によれば、Keats, J. に関する研究書ないし論文におけるその訳語は多様で、「消極的能力」「消極的可能性」「消極的でいられる能力」「否定の力」「否定的創造力」「否定的な能力」「自己否定能力」「ネガティヴな受容性」「負の能力」などさまざまである。

山本（2006）によれば、negative capability とは、もともと

> Negative Capability, that is when man is capable of being in uncertainties, Mysteries, doubts, without any irritable reaching after fact & reason…

と説明されており、これを直訳すれば、「事実や理由を求めず、不確実、神秘、疑惑の中にいることのできる能力」ということであろう。このもともとの訳に素直に沿えば、negative capability が、あえておぼめかし、存在の深みを感得する「眺める」意識に近いことはすぐに納得できるだろう。

さらに大きな類似点として、negative capability を生み出すベースが通常の意識とは異なり、半覚醒のような状態と考えられていることが挙げられる。実際、もともと Keats, J. の negative capability は「眠り」と関連づけられていたが、このことはあまり知られていない。山本（2006）は negative capability という考えを sleep という視点から取り上げていて示唆的である。 sleep は文字通り睡眠の他に、忘我、死を意味し、Keats, J. が目指した negative capability

にも関連していると考えられるのである（山本，2006）。例えば『*Sleep & Poetry*』（Allott (ed.), 1970）という彼の詩を読むと、「眠り」が Keats, J. にとっていかに重要な意味をもっていたかがわかる。

　Keats, J. が詩境としての negative capability を促すものとして「眠り (sleep)」の意義を認めていたことは確からしい。あらためて言うまでもないが、ここでの sleep は完全に眠り、夢を見ている状態を言うのではない。彼にとっては、眠りは単なる意識もうろう状態ではなく、〈健康的で、穏やかで、ヴィジョンに満ちたものとしての sleep 〉（山本, 2006）だったのである。山本（2006）によれば、「それは目覚める前の、自我の無い状態ではなく、目覚めという意識の上で成り立つものである」という。この sleep とそこから導かれる negative capability の部分を「眺め」と置き換えてもまったく違和感はないだろう。

　少なくともここまでは、Keats, J. のもともとの negative capability と「眺める」意識に類似点が多いことを示唆するだけで十分である。

　さらにというか、当然気づいておられる方も多いはずであるが、negative capability を取り上げる何より重要な点は、実は、精神分析家の Bion, W. が Keats, J. のもともとのニュアンスを拡大して、心理療法場面における〈知らないことに持ちこたえる能力〉としてこの言葉を使ったことにある。特に Bion, W. はこれを分析家に必要な能力と考えていた。negative capability が「知る」ことを重視する精神分析学においてある種の問題提起と共に提出されたのは偶然ではない。Hafsi, M. によれば、それは「なぜ患者はそんな方法で行動をするのか、なぜそんなことを言うのか、について不確かなとき」や「患者からの、答えやガイドをくれというプレッシャーに耐えなければならないとき」に役立つもので、negative capability によってそこに留まることができたとき、「その痛みの経験は、患者の欲望や欲求に出会わせてくれる」のだと言う（Hafsi, 2011）。すなわち、あえてはっきりさせない「眺める」意識はセラピストに必要な negative capability だと言うことも十分可能なのである。

本節では、「眺める」意識が、森田療法の「不問」や Keats, J. の negative capability と親近性があることを論じながら、クライエントの訴えをセラピストが明確化して返すのではなく、ぼんやりとしたまま受けることに治療的意義があることを示すことができたと思う。それは筆者の言葉で言えば、セラピストに必要な「眺める」意識なのである。

6.2.2　ともに「眺める」こと

二つ目は、これが「眺める」意識のより本質的な意義と考えられるが、セラピストも一緒に「眺める」ことによる治療的効果と表現できるものである。

事例1では、男性の小説家と並んで海を眺めたという最後の夢6がそうであり、事例2では、箱庭に出現した月をクライエントとセラピストで静かに眺めたこと（箱庭⑧）がそうであった。

この「ともに眺めること」の治療的意義をもっともよく説明するのは、北山修の「共視」論であろう。すでに何度か述べたように、北山（2005）は浮世絵の親子像の分析から、①ほとんどが母子であること、②多くが身体接触を伴うこと、③はかない対象を眺めるように見ていることなどの特徴を明らかにした。上記を踏まえて、共視は、日本的な母子関係をベースにした抱え込みとその中での発達、という治療的構造を説明する重要な概念となってきている。北山が「共視」を seeing together といわず、viewing together と呼んだのは誠に的確だった。

もちろん共視が発達心理学の重要なトピックである共同注視（joint visual attention）をベースにしていることは明らかである。そもそも共同注視の意義の第一は、三項関係の成立、すなわち他者存在の理解とそれにともなう主体の確立であった。〈共視〉はさらに、joint visual attention として三項関係が成立するというにとどまらず、そこで非言語的・情緒的交流がなされていることを強調した点に、その臨床的ポイントがあるのである。そして、「眺める」意識も単にぼんやりさせるということではなく、そこに起こる情趣を他者と共有することが大事であった（第2章「和歌の中の『眺め』」）。

[図22] 上村松園（1932年）《虹を見る》（京都国立近代美術館所蔵）

[図21] 栄松斎長喜《蛍狩り》（ホノルル美術館所蔵）

　「ともに眺めること」の中にある情緒的交流は、概念的なものでもなく、むろん浮世絵の中だけのものでもない。母と子の間に限定されるものでもない。われわれにとってむしろ身近にあって親しみのあるありありとした日々の経験であるはずである。

　例えば、映画『東京物語』（小津安二郎監督，1953年）では、日常的な「ともに眺める」シーンが非常に印象的に用いられている。笠智衆演じる周吉が妻のとみと尾道から上京し、子どもたち夫婦を訪ねるのだが、思っていたような迎え方とは違い、少しおざなりに遇せられる。周吉ととみは厄介払いのように熱海へ旅行に行かせられるのだが、そこで二人で並んで海を眺めながら、「そろそろ（尾道へ）帰りましょうか」という会話がなされるのである。また、妻とみが亡くなった後、唯一あたたかく接してくれた次男の嫁紀子（原節子）が、最後に周吉と並んで尾道の海を眺めるシーンも美しく、有名なものである。このように本作品では「ともに眺める」ことがかくも効果的に使われているが、これが日本映画として今なお海外で高い評価を受けていることのポ

イントの一つに、「向き合わず、ともに眺める」ような態度の魅力があるのではなかろうか。

　多田道太郎によれば、そもそも日本人には正面から向かい合って対話する習慣はなかったと言われる（多田, 2014）。「面を伏せる」「伏し目がち」「眼をそらす」。これが庶民の対面形式だったのである。対照的に西洋においてはこの逆で、正対するのが礼儀であり、目をそらすのは失礼にあたるとされる。多田はこの日本的な関係様式のベースに「はにかみ」があると考えている。筆者には、向かい合って相手を見据えないのは、「はにかみ」ということにとどまらず、そのベースに互いの弱さの共有とその哀しみによる一体感があるように思われるが、いずれにしても正対しないことの「含み」を大事にしてきたのである。

　また、多田はわざわざ視線そらす必要のために、第三項としての、例えば床の間の生け花があるのだと言う。これは治療的な構造もまったく同様の見方が可能だろう。セラピスト―クライエントの間に第三項としての夢があり、描画があり、箱庭があり、言葉でさえそうだというのが、今日の治療構造論の共通認識となっているのではあるまいか。治療場面でもわれわれは向き合っているのではなく、間に第三項を挟んで、それを互いに眺めているのである。このような論理の展開をふまえると、治療的な文脈において「ともに眺めること」の意義があらためて確認されるべきだろうと思われるのである。

　例えば、事例1の夢6では、隣で一緒に海を眺めている男性が彼の心情をよく理解していたように思われること（「それでも君は海が見たいんだね」）、事例2の箱庭⑧では、同じ中年期のセラピストがクライエントの示した月（下降原理）をともに眺め、感覚的に美しいと感じたことが重要であった。いずれもその「眺め」には（母なるものや若さなど）何かを失う哀しみが前提とされていたのである。すなわち、二人で第三項を眺めながら、ある種の哀しみを共有するという情緒的交流がおこなわれていたのである。

　詳しい考察は両事例においてすでにおこなったので、ここでは繰り返さ

ない。
　いずれにしても、「眺める」意識をセラピストの側から見たとき、まさに〈共視〉と呼べるような、クライエントと一緒に眺める場面があったことが思い出され、そのことが治療的に効いていたことが考察されたのである。別言すれば、セラピストの非言語的な共感的理解がクライエントを支え、クライエントの自己理解を促進したのである。

　近年、〈ともに眺めること〉の治療的意義が実践的にも注目され始めている。例えば、寺沢（2012）は、「視線が気になる」という女子大学生の事例を検証する中で、共視体験の治療的意義について報告している。そこでは「すべてを言葉にしてしまう」母親からの自立がテーマになった女性との面接経過が報告されている。寺沢（2012）は「絵画療法の中で描かれた絵は、クライエントとセラピストとの間に置かれるものとなる」と述べ、「その結果、その絵がクライエントとセラピストによって2人で一緒に眺められる（傍点筆者）対象となる可能性が生じてくる」。そこから「関係性の密着や息苦しさから解放され、目の前で起こっていることを共に眺め味わう他者の存在を得たことによって、不安が軽減し自分の感覚に自信を持てるようになったのではないか」（寺沢, 2012）と考察している。寺沢論文のように、治療者の態度としての「共視」＝「共に眺め、味わう」ことの意味が具体的に示されはじめているのである。
　北山（2000）は、この「ともに眺めること」が日本の臨床家にとって特に重要だと言い、その理由を「絵の中の母と子が同じ対象や目的とかかわってこれを共有するように、臨床では二人が箱庭療法では箱庭を、音楽療法では音楽作品を共にして関わっており、目に見えてジョイント・アテンションを反復することを原則とする心理治療がわが国では多いと思うから」であると述べている。実際、わが国できわめて発展した箱庭療法では、クライエントの作品を分析的に「見る」のではなく、むしろ味わうように鑑賞する（眺める）ことが重要であるとしばしば言われる。このような観点から、今後セラピス

トの態度として「ともに眺めること」の臨床的意義が検証されていくことが期待される。

6.2.3 「眺める」意識と治療者のエピメテウス性

最後に、治療者のエピメテウス性という観点から、「眺める」意識の治療的意義をまとめてみたい。エピメテウス性とは、ギリシア神話におけるエピメテウス (Epimetheus) の物語から着想し、上田 (2008) が提出した概念である。

プロメテウスとエピメテウスは兄弟である。プロメテウスは、ヘルメス同様ギリシア神話ではトリックスター的な存在として有名であり、人類のために火を盗んだ者、奸智にたけた者として多くの詩や戯曲になるほどである。このようにプロメテウスについてはさまざまに述べられたものがあるが、エピメテウスについては愚か者、人のよい弟としての記述しかない。しかし、詳しく見ていくと兄にはない特徴のあることがわかる。

その名前の由来から「先に知る者」を意味するプロメテウスと「後になって知る者」を意味するエピメテウス。両者は常に対照的であった。エピメテウスは兄から注意を受けていたにもかかわらず、神からの贈り物である女性パンドラを受け取ってしまい、それがために人類にさまざまな災いをまき散らしてしまうこととなった。またエピメテウスは生き物にさまざまな身支度と能力を与える役割をかって出たが、うっかり者である彼は先に動物にすべてを与えてしまい、その結果人間は裸でいるようになったという。まさに無知な者、愚かな者の姿である。しかし、別の面から見ると、エピメテウスの優しさは、兄プロメテウスの高貴さ同様に巨人的スケールであった (Evslin, 1975 / 1979)。パンドラが箱を開けてしまったときも、何も言わずに箱を取り上げただけで、すすり泣く彼女をなぐさめたという話などがある。

このようにエピメテウスの物語は無知と後悔のトーンに強く彩られてはいるが、最後までパンドラを見放さなかったところに、それでもなおわれわれを励まし、勇気づける何ものかがある。エピメテウス性とは、それを一つの形容詞で括ることは難しいが、無知や軽率さ、あるいは優しさも含め、エピ

メテウスが表現したものすべてを含むと考えておきたい。

　上田 (2008) は上記のようなエピメテウス性が、特に転移―逆転移の状況の中で治療者に布置されることがあること、またそれが治療的な効果をもつことを、ある統合失調症者との面接過程を分析することで明らかにした。

　考察の詳細は元論文にゆずるが、要点は、転移―逆転移の現象を意識化することは常に治療的に有効とは限らず、むしろそれに気が付かないことにも意味があることを指摘した点にある。本来「逆転移は避けるべきもので、それを意識化することは逆転移に巻き込まれず距離をとることにつながるという意味で治療にプラスに働く」というのが一般的な考えであろう。しかし、上田は自らの臨床的経験から、特に統合失調症者のように病態水準の重篤なクライエントとの面接では、逆転移を意識化することと治療的効果との関係は単純な正比例にならないのではないかと考えた (上田, 2008)。

　例えば、統合失調症者との転移―逆転移を深く考察した Searles (1979 / 1991) は、「治療は逆転移により踏み込んだ形の (二人精神病的な) 治療的共生体験が必要である」と言った。加藤清も同じ意味で、「統合失調症者との面接ではどうしてもいっぺんこの純粋なコミュニケーションを通過することが必要なように思います」と言う (加藤ら, 1993)。そのために、いみじくも加藤ら (1993) は、転移―逆転移を忘れる (すなわち明確に意識しない) ことが重要であると示唆している。治療者の分析的な意識がかえって純粋なコミュニケーションを邪魔することがあるというのである。さらに Jacoby (1984 / 1985) も、元型的状況の意識化が常に知的な理解に終わりやすいことを指摘し、ゆえに逆転移の情報としての価値を優先しすぎる技術を必ずしも好ましいとは思わないと述べている。このように逆転移の意識化については、そのマイナス面を指摘する論も多いのである。むしろ、箱を開けてしまったパンドラのそばで (原因を追究したりせず) ただ一緒になって嘆いているエピメテウスの姿に重なるような「後知り」や「許し」が治療的に重要な場面が存在すると考えられるのである。

　知にたけたプロメテウスは「見る」意識の権化であるが、対してエピメテ

ウスの特徴はその名の由来通り「後知り」で、「見る」意識の弱いものと位置づけられている。しかし、単に「見る」意識が弱い、プロメテウスの影としてだけではなく、彼独自の意義（それは多分に情緒的な「眺める」意識の代表として位置づけられるであろうが）、を再評価する必要があると思う。すなわち、治療者のエピメテウス性とは、「はっきり見て、知る」ような態度ではないために、逆転移に巻き込まれやすくなる。しかし、巻き込まれ、ただオロオロとしながら、(危険も孕みつつ)「ともに眺める」ようなあり方として、クライエントと情緒を共有しているという側面もある。そのような治療者の態度によってのみ、困難なケースは治療的に展開しうるのである。エピメテウス性は、「見る」意識ではなく「眺める」意識を主体としたセラピストの治療的態度の有用性を示すに適切なイメージと考えられるのである。

「ながむ」に〈なげく〉の意が包含されると言った折口(1996)を思い出すまでもなく、「一緒にながめる人＝一緒になげく人」としてのエピメテウスイメージは、ありうべき治療者像としてこれから強調されていくべきだろう。

*

二つの事例と本章のまとめを通して、「眺める」意識が実際の臨床場面においてどのようにあらわれ、それがいかに治療的な役割を果たしたかを論じ、その心理療法上の意義について考察してきた。それは、(1)クライエントの意識の偏りを補うために獲得されるべき新しい意識態度であり、(2)ある局面においてはセラピストに求められる治療的態度でもあった。以上から、「眺める」意識は心理療法という営みの背景に通奏低音のように流れる重要な要因であることを提案することができると思う。本知見が心理療法という営みを理解する上で普遍性をもつ枠組みとなりうるかどうか、今後の批判的意見を待ちたい。

終　章

結びにかえて

　ここまで、「眺める」意識のもつ心理臨床的な意義について、事例研究という手法によって明らかにしてきた。しかし、「眺める」意識は、特定の症状を抱えたクライエントの問題に収まらない概念であるばかりか、狭い意味での心理臨床的な文脈を離れ、現代人が共通して抱えるこころの問題をあぶり出すものとなっている。最後にこの点について述べて結びとしたい。

　現代人の直面している問題は、〈意識の偏り〉についての心理的問題と言い換えて間違いがない。
　第2章で見た通り、意識の基本的性質は「知ること」、すなわち「分離し、はっきりさせる」という働きにある。それを本書では「見る」意識と表現した。そのような意識のあり方を中心に生きることで、われわれはさまざまなものを分析・理解・操作するようになった。それは科学的な思考法と結びつき、その成果はわれわれの生活のあらゆるところに浸透している。結果、現在のわれわれの生活はきわめて豊かになり、ますます発展していくように見える。例えば、医療技術の発達とともにかつて不治の病とされた難病が次々と克服されていっていることなどは、その代表的な例である。
　そのため、「見る」意識を突き詰めることにわれわれは躍起になっていると言ってよい。

しかし他方で、その「見る」意識の延長線上でわれわれはかえって行き詰まっているのではないかと思わせる現象もあらわれてきている。わが国の自殺者は近年2万人から3万人の間で推移し続け、精神疾患はむしろ増え続けている (厚生労働省, 2014)。これらは、「見る」意識の追求だけでは「こころ」という問題について不十分であったことを示している。
　ところで、Salzman, L. は「強迫パーソナリティこそ現代人に共通のパーソナリティである」(Salzman, 1968 / 1998) と言った。Salzman, L. の卓越したところは、強迫パーソナリティを強迫神経症の基礎性格とのみとらえるのではなく、現代人の心の基礎に共通して存在し、さまざまな苦悩を生み出している性格傾向として広くとらえなおそうとした点にある。彼が、うつでもヒステリー性格でもなく、強迫パーソナリティをあげたのは、現代人の「見る」意識の過剰に気がついていたからであろう。
　笠原嘉も、Salzman, L. とは若干異なる意味合いであるが、強迫スペクトラムという表現で、一連の相互に関連し合う性格学的系列を示した (笠原, 1976)。笠原によれば、強迫性格の意味は次のごとき世界関係であるという。すなわち、(1) 人生における不確実性、予測不能性、曖昧性を極小に抑えるための単純にして明快な生活信条の設定、(2) それによって整然たる世界を構成しうると考える空想的万能感、(3) 予測不能性を排除するための何らかの形での呪術の利用、である (笠原, 1976)。まさに「知る」＝「見る」ことを推し進めた現代人を表して的確である。
　成田善弘は『強迫症の臨床研究』(1994) の中において、「今日強迫性格は多重な性格防衛の最外層を形成している場合が多い」と指摘し、それは、几帳面で完全主義な性格が現代社会で期待される性格のためであろうと述べている。「今日は、人々が争って見の目を強くするようになった時代である」(小林, 1949) という小林秀雄の指摘は古びるどころか、ますます切実な問題となってわれわれに迫っている。

　この強迫的な「見る」意識の強調とその行き詰まりについて具体的な例を

あげるとすれば、近年急速に発達した出生前診断の問題を考えてみるのがよいだろう。出生前診断とは、胎児が生まれてくる前に病気・障害の有無をまさに「知ろう」とする試みである。この発想自体は新しいものではないが、胎児を傷つける可能性がわずかにあることから、これまでは自然と抑制されてきた。ところが近年、技術的な進歩のおかげで（すなわち母体採血のみで可能になったことから）、安全で、簡便、かつ非常に精度の高い診断方法が確立された。それを「新型出生前診断」（正確には、非侵襲的出生前遺伝学的検査）と呼ぶことがある。この技術は、胎児がダウン症であるかないかを非常に高精度で予測する。実際は、他にも障害を引き起こす要因は無限にあり、検査が陰性であったからと言って子どもに問題がないことを意味しないが、近年の高齢出産の傾向によって、大変な進歩と考えられたのである。

　第1章で、西洋科学的な意識にもとづいた近代医療の進歩とは（レントゲンから電子顕微鏡、CTスキャンやMRIへ至る）「見る」ことの進歩であったことを述べた。新型出生前診断とは、その行きつく果てにある技術である。当初、診断で陽性と出た場合は、早期の治療や親の障害受容を促す準備ができると考えられた。新型出生前診断は一見、妊婦とその子どもにとって良いことずくめの技術であるように思われたのである。

　しかし、実際はそうではなかった。出生前診断を受けて陽性と出た場合、その子を産むか堕胎するかというきわめて難しい問題に新たに迫られるようになったのである。その問題には科学はまったくタッチできないのである。そして、その後の調査では、診断の表向きの意図とは逆に、ほとんどの家族がその子どもを堕胎することを選択していることがわかったのである（「異常確定の97％が堕胎」2014年6月28日　中日新聞）。導入から3年を経た現在でもこの傾向は一向に変わりがない。検査を受けた人が27,696人と拡大する一方で、検査で異常が確定して妊娠を続けるかどうか選択できた人のうち96.5％にあたる334人が中絶を選択していたのである（「〈新型出生前診断〉異常判明の96％中絶　利用拡大」2016年4月25日　毎日新聞）。子どもに障害があると「わかる」ことと、その子どもと「生きる」ことはまったくの別の問題であるにも

かかわらずである。このような意識は強迫的構え以外の何ものでもなく、大変おそろしいことであるように思う。なによりダウン症をもつ本人・家族の差別を助長するという問題がある。そればかりでなく、堕胎を選択した家族も、実は後で大きな心理的な傷を抱えることになっていることがわかってきているのである。出生前診断について研究している玉井（2016）は、この問題の背景に「安心」と「不安」の問題が見えるとし、「私たちみんなを傷つける可能性があるほど」の課題を現代人に突き付けているのだと言う。診断とは「知る」、すなわち「見る」意識そのもののことだが、それを推し進めていって解決しない問題があることにわれわれは気がつき始めているのである。

　そして、このような問題は特別な人に起こる例外的な事象ではなく、われわれ全員をすでに取り巻いている。

　以上のように問題を概観すれば、現代人の抱えやすい病理的な問題の本質は「見る」意識への偏りから来ていると言い換えることができるのである。

　であるならば、現代人の共通の課題は、非常に強力にわれわれを支配してきたこれまでの〈意識パラダイム〉からはずれた、新しい意識のあり方を模索することではあるまいか。本書では、「眺める」意識にその新しい可能性を探ったのである。

　真の問題は、上のように言ったとて、単純に通常の意識の働きを否定したり、後戻りするわけにもいかないということである。このことはいくら強調してもしすぎることはない。したがって、「『眺める』意識はすばらしいから、古代の人のような感性を復活させよ」という論調ではなく、現代はそもそもそういうことが難しい、だからこそ、どのようにしたらそういう意識のあり方を取り入れることができるかを個々人が探っていかなければならないのである。

　大事なのは、「眺める」意識の取り込み方、血肉化、そのことである。すなわち、事例1であれば、「みにくいものまで見る」ような徹底した「見る」

意識の獲得を一度目指し、その後ある種のあきらめとともに再発見するようなプロセスを経ることが大切であった。事例2であれば、いったん彼岸にマリア像を置くところまでいったが、納得できず、一輪の花を置き直したプロセスとしてあることが重要であった。なにより、それらのプロセスには共感してくれる他者の存在が必要なのである。そこにこそ新しい、現代に合った「眺める」意識成立の可能性があるのだ。

　本書でおこなった「眺める」意識の心理臨床学的検討がこの問題に少しでも寄与することを願う。

引用文献

赤瀬川原平(2006). 芸術原論　岩波現代文庫

Allott, M. (ed.) (1970). *The poems of John Keats.* London and New York: Longman, pp.69-85.

Amano, S. & Kezuka, E. (1996). Infant's orientation to adults' hand and the development of object performance (2). *Proceeding of International Conference, The Cultural Historical Approach: Progress in Human Science and Education.* Moscow.

青山二郎(1994). 眼の哲学・利休伝ノート　講談社文芸文庫

Caillois, R. (1970). *L'écriture des pierres.* Paris: Albert Skira. (岡谷公二(訳)(1975). 石が書く　新潮社)

趙青(2005). 視覚の操作——「新古今集」と唐詩との比較を通して　言葉と文化, 6, 87-102.

Eliade, M. (1957). *Das Heilige und das Profane: Vom Wesen des Religiösen.* Hamburg: Rowohlt. (風間敏夫(訳)(1969). 聖と俗——宗教的なるものの本質について　法政大学出版局)

遠藤好英(1983). あきらめる　佐藤喜代治(編)講座日本語の語彙9　語史I　明治書院 pp.6-10.

Evslin, B. (1975). *Gods, demigods and demons: An encyclopedia of Greek mythology.* New York: Scholastic. (小林稔(訳)(1979). ギリシア神話小事典　社会思想社)

Fantz, R. L. (1963). Pattern vision in newborn infants. *Science*, 140, 296-297.

Foster, H. (ed.) (1999). *Vision and visuality.* New York: The New Press. (榑沼範久(訳)(2007). 視覚論　平凡社)

Freud, S. (1912). Ratschläge für den Arzt bei der psychoanalytischen Behandlung. (小此木啓吾(訳)(1983). 分析医に対する分析治療上の注意　フロイト著作集9　人文書院 pp.78-86)

Frisby, J. P. (1979). *Seeing: Illusion, brain, and mind.* New York: Oxford University Press (村山久美子(訳)(1982). シーイング——錯視―脳と心のメカニズム　誠信書房)

藤本周一(2005). John Keats : "Negative Capability"の「訳語」をめぐる概念の検証　大阪経大論集, 55(6), 5-27.

藤田千尋(1998). 森田療法における治療者のあるがまま——不問と抵抗をめぐって　精神療法, 24(6), 540-547.

五来重(2007). 石の宗教　講談社学術文庫

Hafsi Med (2011). Encountering and exploring the ultimate reality "O"：A review of Bion's clinical and exploratory tools. 奈良大学紀要, 39, 47-73.

灰谷健次郎(1990)．我利馬の船出　新潮文庫
井原奉明(2009)．「もの」と「こと」の形而上学　学苑, 821, 93-101．
伊藤良子(2001)．心理治療と転移——発話者としての〈私〉の生成の場　誠信書房
井筒俊彦(1983)．意識と本質——精神的東洋を索めて　岩波書店
井筒俊彦(1991)．イスラーム文化——その根底にあるもの　岩波文庫
Jacoby, M. (1984). *The analytical encounter : Transference and human relationship.* Toronto : Inner City Books. (氏原寛・丹下庄一・岩堂美智子・松島恭子(訳)(1985)．ユング心理学選書7　分析的人間関係——転移と逆転移　創元社)
Jung, C. G. (1921). *Psychologische Typen.* Zürich: Rascher Verlag. (林道義(訳)(1987)．タイプ論　みすず書房)
Jung, C. G. (1944). *Psychologie und Alchemie.* Zürich. (池田紘一・鎌田道生(訳)(1976)．心理学と錬金術Ⅰ・Ⅱ　人文書院)
Jung, C. G. (1963). *Memories, dreams, reflections.* (Recorded and edited by Jaffé, A.) New York: Pantheon Books. (河合隼雄・藤縄昭・出井淑子(訳)(1972-1973)．ユング自伝——思い出・夢・思想　1・2　みすず書房)
Jung, C. G., von Franz, M. L., Henderson, J. L., Jacobi, J. & Jaffé, A. (1964). *Man and his symbols.* London: Aldus Books.
Jung, C. G. (1968). *Analytical psychology: Its theory and practice.* London: Routledge & Kegan Paul. (小川捷之(訳)(1976)．分析心理学　みすず書房)
鎌田東二(2009)．アニミスティック・センシティビティと「生態智」を求めて．比較文明学会ニュースレター第51号　巻頭言 http://www.jscsc.gr.jp/article.do?a=79909279996799950 (2019年8月3日取得)
蟹澤聰史(2010)．石と人間の歴史——地の恵みと文化　中公新書
神田橋條治(2006)．「現場からの治療論」という物語　岩崎学術出版社
Kaplan, J. (2007). Collecting Stones. *Journal of Sandplay Therapy,* 16(1), 73-85.
唐木順三(1990)石　奈良本辰也(編)日本の名随筆88　石　作品社　pp.29-33.
唐沢則幸(訳)(2000)．新ウォーリーをさがせ！　フレーベル館
笠原嘉(1976)．うつ病の病前性格について　笠原嘉(編)躁うつ病の精神病理1　弘文堂　pp.1-29.
加藤清・神田橋條治・牧原浩(1993)．鼎談　山中康弘・山田宗良(編)分裂病者と生きる　金剛出版　pp.94-95.
加藤周一(2006)．『日本文学史序説』補講　かもがわ出版
河合隼雄(1982)．昔話と日本人の心　岩波書店
河合隼雄(1992)．対話する人間　潮出版社
河合隼雄・中村雄二郎(1993)．トポスの知——箱庭療法の世界　TBSブリタニカ

河合隼雄(1994a).　母性社会日本の"永遠の少年"たち　河合隼雄著作集第10巻　日本社会とジェンダー　岩波書店　pp.219-240.
河合隼雄(1994b).　河合隼雄著作集第13巻　生きることと死ぬこと　岩波書店
河合隼雄(1995).　日本人とアイデンティティ──心理療法家の着想　講談社
河合隼雄(1996).　中年クライシス　朝日文芸文庫
河合隼雄(1999).　中空構造日本の深層　中公文庫
河合隼雄(2002).　より道わき道散歩道　創元社
木村敏(1982).　時間と自己　中公新書
北西憲二(2004).　知の体系としての森田療法・Ⅲ──不問と「抱える」こと、「あきらめる」こと　精神療法，30(1)，70-75.
北山修(2000).　二者間内交流と二者間外交流──浮世絵のなかの母子関係　日本芸術療法学会誌，31(1)，5-13.
北山修(2001).　幻滅論　みすず書房
北山修(2005).　共視母子像からの問いかけ　北山修(編)共視論──母子像の心理学　講談社選書メチエ　pp.8-46.
金田一京助・佐伯梅友・大石初太郎・野村雅昭(編) (1987).　新選国語辞典　第六版　小学館
小林秀雄(1949).　私の人生観　創元選書
國分功一郎(2017).　中動態の世界──意志と責任の考古学　医学書院
小町谷朝生(1997).　眼の不思議世界──視の五億年を考える　人文書院
厚生労働省(2014).　平成23年(2011)患者調査の概況 https://www.mhlw.go.jp/toukei/saikin/hw/kanja/11/(2019年7月10日取得)
久保田淳(訳注) (2012).　日本古典評釈全注釈叢書　新古今和歌集全注釈1～6　角川学芸出版
九鬼周造(1930).　「いき」の構造　岩波書店
久門正雄(1990).　愛石志(抄)　奈良本辰也(編)日本の名随筆88　石　作品社　pp.47-56.
前川美行(2010).　心理療法における偶発事──破壊性と力　創元社
前田富祺(監修) (2005).　日本語源大辞典　小学館
松岡裕子(2006).　あきらめ　北山修(監修)日常臨床語辞典　誠信書房　pp.19-22.
Meier, C. A. (1980). *Science et conscience*. Stock & France Culture. (竹本忠雄(訳監) (1986).　科学と意識シリーズ3　意識における心霊の顕現　たま出版)
Merleau-Ponty, M. (1945). *La Phénoménologie de la Perception*. Paris: Gallimard. (竹内芳郎・小木貞考(訳) (1967).　知覚の現象学Ⅰ　みすず書房)
Mikyung, J. (2007). Rocks: Symbols of individuation. *Journal of Sandplay Therapy*, 16(2), 89-101.
森蘊(1986).　「作庭記」の世界──平安朝の庭園美　日本放送出版協会
村上春樹(2005).　日々移動する腎臓のかたちをした石　東京奇譚集　新潮社　pp.123-156.

中井久夫(1985).　説き語り「強迫症」　中井久夫著作集2巻　精神医学の経験　治療　岩崎学術出版社　pp.94-114.

中村雄二郎(1992).　臨床の知とは何か　岩波新書

中沢新一(1980).　丸石の教え　丸石神調査グループ(編)丸石神——庶民のなかに生きる神のかたち　木耳社　pp.174-175.

中沢新一(1999).　丸石と深沢七郎　女は存在しない　せりか書房　pp.159-183.

中沢新一(2004).　カイエ・ソバージュⅤ　対称性人類学　講談社選書メチエ

成田善弘(1994).　強迫症の臨床研究　金剛出版

Neumann, E. (1971). *Ursprungsgeschichte des Bewusstseins: Mit einem Vorwort von C. G. Jung.* Olten: Walter. (林道義(訳) (2006). 意識の起源史　改訂新装版　紀伊國屋書店)

日本聖書協会(2018).　聖書　聖書協会共同訳——旧約聖書続編付き　日本聖書協会

大神英裕・実藤和佳子(2006).　共同注意——その発達と障害をめぐる諸問題　教育心理学年報, 45, 145-154.

大橋明(2008).　あきらめに関する心理学的考察——その意味と概念について　中部学院大学・中部学院大学短期大学部研究紀要, 9, 23-34.

大橋明(2009).　あきらめに関する心理学的考察——自由記述法による探索的検討　中部学院大学・中部学院大学短期大学部研究紀要, 10, 17-28.

折口信夫(1990).　石の信仰とさえの神と　奈良本辰也(編)日本の名随筆88　石　作品社　pp.107-117.

折口信夫(1995).　霊魂の話　折口信夫全集刊行会(編)折口信夫全集3　古代研究 民俗学篇2　中央公論社　pp.248-263.

折口信夫全集刊行会(編) (1996).　折口信夫全集12　言語情調論・副詞表情の発生(言語論)　中央公論社

西條八十(2005).　石　西條八十全集　第二巻　詩Ⅱ　図書刊行会　pp.107-108.

Salzman, L. (1968). *The obsessive personality: Origins, dynamics, and therapy.* New York: Science House. (成田善弘・笠原嘉(訳) (1998). 強迫パーソナリティ　新装版　みすず書房)

Searles, H. F. (1979). *Countertransference and related subjects.* New York：International Universities Press. (松本雅彦・大森和宏・佐藤健司・西口芳伯・馬場一彰・普天間健・堀川典宏(訳) (1991). 逆転移1——分裂病精神療法論集　みすず書房)

清水博(1996).　生命知としての場の論理——柳生新陰流に見る共創の理　中公新書

白川静(2000).　白川静著作集第8巻　古代の文学　平凡社

白川静(2002).　初期万葉論　中公文庫

白川静(2005).　新訂　字訓　平凡社

白洲正子(1991).　いまなぜ青山二郎なのか　新潮社

白洲正子(1996).　西行　新潮文庫

白洲正子(1997). 花にもの思う春——白洲正子の新古今集　平凡社ライブラリー
菅沼慎一郎・浦野由平(2016). 諦めることに対する認知の発達的特徴と自己肯定感および人生満足度との関連　臨床心理学, 16(5), 600-605.
鈴木龍(1999). 「永遠の少年」はどう生きるか——中年期の危機を超えて　人文書院
多田道太郎(2014). しぐさの日本文化　講談社学術文庫
田嶌誠一(1991). 青年期境界例との「つきあい方」　心理臨床学研究, 9, 32-44.
玉井真理子(2016). 生む選択、生まない選択——出生前診断　柏木惠子・高橋惠子(編)人口の心理学へ——少子高齢社会の命と心　ちとせプレス
谷沢永一(2002). 宮本武蔵　五輪書の読み方　幻冬舎
寺沢英里子(2012). 共視体験に支えられて巣立っていった事例——大学卒業間近の問題解決　日本芸術療法学会誌, 43(1), 55-61.
つげ義春(1987). 無能の人——連作〈石を売る〉総集版　日本文芸社
塚本邦雄(1981). 新古今新考——断崖の美学　花曜社
鶴見俊輔(1999). 限界芸術論　筑摩学芸文庫
内田利広(1992). 登校拒否治療における「親の期待」に関する一考察——操作的期待－行き詰まり－あきらめ　心理臨床学研究, 10(2), 28-38.
上田琢哉(2008). 統合失調症者との面接における逆転移の意識化と逆転移の治療的意味との関係——治療者に布置されるエピメテウス性　心理臨床学研究, 26(5), 537-548.
上田琢哉(2009). 内的なイニシエーションにおける「見る」ことの意味——ある「永遠の少年」の夢の過程から　心理臨床学研究, 26(6), 722-733.
上田琢哉(2010). 町中の石に見る〈意味の不問性〉と箱庭表現　日本箱庭療法学会第24回大会発表論文集, 48-49.
上田琢哉(2011). 石をめぐる物語　東洋英和女学院大学心理相談室紀要, 14, 47-56.
Ueda, T. (2012). Stones in the city: Meaningfulness and meaninglessness of stone. *Journal of Sandplay Therapy*, 21(1), 113-123.
上田琢哉(2016). 心理療法における「眺め」意識　心理臨床学研究, 34(1), 83-94.
von Franz, M. L. (1970). *The problem of the puer aeternus.* Zürich: Spring. (松代洋一・椎名恵子(訳) (1982). 永遠の少年——『星の王子さま』の深層　紀伊國屋書店)
若松英輔(2011). 井筒俊彦——叡知の哲学　慶応大学出版会.
山田哲平(2008). 俊成卿女の和歌(その二)　明治大学教養論集, 430, 77-108.
山本央也(2004). 白川静(監修)　神さまがくれた漢字たち　理論社
山本由美子(2006). キーツの眠り——「睡眠と詩」を中心に　大阪産業大学論集人文科学編, 120, 17-29.
山崎正和(2008). 室町記　講談社文芸文庫
柳田國男(1910). 石神問答　聚精堂

人名索引

[アルファベット順]

Eliade, M.　76
Freud, S.　11, 120
Hafsi, M.　124
Hillman, J.　106, 109
Jacoby, M.　130
Jaffé, A.　65
Jung, C. G.　7, 10, 20, 37, 66, 115-117
Kaplan, J.　48
Keats, J.　123
Kuhn, T.　4
Meier, C. A.　11
Merleau-Ponty, M.　3, 20, 118
Neumann, E.　3-4, 7, 9, 17, 23, 83, 108
Salzman, L.　82, 133
Searles, H. F.　130
von Franz, M. L.　48, 61, 75

[ア行]

青山二郎　57
赤瀬川原平　58
在原業平朝臣　18, 34
和泉式部　39
井筒俊彦　4, 19-20, 37, 42, 56, 66, 111, 117-118
伊藤良子　15
上村松園　85, 126
内田利広　30
栄松斎長喜　84, 126
大江匡房　40
小津安二郎　126
小野小町　34
折口信夫　17, 34, 51

[カ行]

笠原嘉　133
花山院　39
加藤清　130
加藤周一　18
鴨長明　41
唐木順三　50
河合隼雄　16, 76-78, 83, 87, 103, 105-106, 108, 120
神田橋條治　121
喜多川歌麿　84
北山修　30, 77-79, 84, 109, 125, 128
木村敏　21-24, 36, 115
九鬼周造　30
九条良経　41
久門正雄　48
小林秀雄　27, 133
五来重　51

[サ行]

西行　41-43, 54, 111
西條八十　49
前大僧正慈円　34
清水博　26
俊成女　39
章義門院　40
式子内親王　19, 34, 43
白川静　18, 36
白洲正子　43
鈴木龍　81

[タ行]

大僧正行慶　35
田嶌誠一　30
多田道太郎　127
谷沢永一　26
つげ義春　50

鶴見俊輔　58, 62

[ナ行]
中井久夫　74, 82, 122
中沢新一　53, 55, 64
中村雄二郎　12
成田善弘　133

[ハ行]
灰谷健次郎　76
藤原定家　45

[マ行]
前川美行　121
宮本武蔵　26-27, 121
村上春樹　63

[ヤ行]
柳生延春　26
柳田國男　53
山崎正和　44

[ワ行]
若松英輔　36, 37, 42

事項索引

[ア行]

あきらむ　28
あきらめ　28-31
憧る（あくがる）　38
あくがれ　38-39, 63
〈あちら〉　41-42, 90, 104, 110-111
〈あちら〉の世界を「眺める」こと　110
あること（being）　115
石　48-53, 61, 65-66
　　――神　51
　　「意味のわからない」置――　58
　　置かれた――　54, 62
　　町中の――　58
　　丸――神　53
　　物語の中の――　63
『石神問答』　53
意識　3-4, 8, 10-11, 20, 81, 83, 87, 118
　　生きている――　3
　　――の一面性を補う　116-117, 119
　　――の偏り　117, 131-132
　　――の基本形態　13
　　――の本質的機能　7, 10, 12, 22
　　一挙に即物的につかむ――　56
　　「老」の――　106, 115
　　oblique な――　31
　　垂直方向に展開する――　117
　　水平的に展開する――　117
　　square な――　31
　　青年の――　107
『意識と本質』　4
『意識の起源史』　3, 7
『伊勢物語』　18, 34
イマジネーションの本質的貧困性　82

意味
　　――の不問性（passing over the meaning）　62
　　――の病　62
医療技術の発展（発達）　12, 132
磐座　51
vision　27
雨季禁み　18
浮世絵　84, 126
訴えを「眺める」こと　120
浦島太郎　76
ウロボロス　8
永遠の少年（puer aeternus）　75-76, 81, 87
越境する存在　64
エディプス・コンプレックス　16
エピメテウス　129
　　治療者の――性　129, 131
おぼめく　17
朧月　109
折り返し（人生の折り返し）　102-103, 105, 111, 116

[カ行]

科学　5, 12, 23, 134
掛詞　33
下降原理　108
『我利馬の船出』　76
「観」と「見」　27
観の目　26-27, 121
逆転移の意識化　130
客観　22
『旧約聖書』　8
共視　84-85, 109, 125
『共視論』　84-85, 109
共同注視（joint visual attention）　14, 85, 125

『強迫症の臨床研究』　133
強迫神経症　68, 74, 82, 122-133
強迫スペクトラム　133
強迫パーソナリティ　133
『玉葉和歌集』　45
距離をとること　10, 23, 114, 130
区別する　10
限界芸術　58
『限界芸術論』　62
元型　37, 75, 130
見の目　26-27
『古今和歌集』　18, 34, 43
〈こちら〉から〈あちら〉へ　115
こと　23-26, 116
　　──の世界　23
『五輪書』　26

[サ行]
賽の河原　51
『作庭記』　54
三項関係　15, 85, 125
詩　24-25
自我の関与　20, 26
『時間と自己』　21
詩人的態度（poetical character）　123
自閉症児　15-16
just-so-ness　61
上昇原理　108
『初期万葉論』　36
女性
　　──的なもの　9
　　──の意識　83, 108
　　──の目で見る　83
自立　77, 81-82, 86-87, 114
知る　5, 10-12, 16, 77, 124, 132, 135
新型出生前診断　134
『新古今和歌集』　19, 34-35, 38, 43

心理療法　6, 32, 113, 116, 131
神話　3, 7, 78
　　エレウーシスの──　75
　　ギリシア──　129
　　創世──　4, 8
　　マオリ族の──　8
『スター・ウォーズ』　96
すること（doing）　115
精神分析　11, 81, 120
『生命知としての場の論理』　26
石庭　54-56
「想像的」イマージュ　37
存在　19, 31, 37, 42, 66, 119

[タ行]
対象　15, 21-22, 42
　　──化　12, 26
たま　51
男性的なもの　9
『忠臣ヨハネス』　78
中年期危機　102-103, 105
超越者　27, 43
超芸術　58
月　39, 42, 85, 96, 108
『鶴女房』　78-79
転移─逆転移　130
転換期に立つ中年　103, 105
天地創造　10
『東京物語』　126
統合失調症　47, 130
道祖神　51, 58
渡河　103, 115
ともに眺めること　84, 109, 125, 128

[ナ行]
ながむ　17, 31, 131
眺め　17-18, 20, 35, 38, 39, 41, 45, 86, 127

長雨（ながめ）　18
眺める　4, 31, 37, 49, 56, 62, 65-66
「眺める」意識　4, 17, 20, 25-26, 31, 37, 45, 49, 56, 62, 83, 86-87, 107, 113, 117, 131, 135
なげく　17, 131
何でもないもの　62
ヌミノーゼ（numinosité）　44, 54
negative capability　123-124
眠り　123-124

[ハ行]
箱庭療法　45, 90, 103-105, 110, 122, 128
「花を花たらしめているもの」　19
母親コンプレックス　75-76
母なるもの　76-77, 82, 87, 114
パラダイム　4, 117-118, 135
hand regard　14
『日々移動する腎臓のかたちをした石』　63
平等に漂う注意　120
深い存在体験　49, 65
父性　80
不問　121
プレイセラピー　16
プロメテウス　129
文化意識　118
分析心理学　11, 116
分離　4, 8-10, 22, 31
　　──し、はっきりさせる　3, 5, 7, 9, 31, 87, 114, 118, 132
母権的意識　108
補償（compensation）　116-117, 119
母性の否定的側面　78-79
本質　19, 37-38, 66
　　「──」的規定性　20

マーヒーヤー（普遍的──）　37

[マ行]
マリア像　110, 112
『万葉集』　33, 36
「見にくいもの」と「醜いもの」　78-79
見る　12-14, 22-23, 28, 36, 77, 134
「見る」意識　13, 20, 22, 26, 31, 78, 81-82, 87, 107, 111, 114, 130, 132, 135
見るな
　　──の禁止　77, 79
　　──の座敷　79-80
無意識　9, 11, 81-82, 117
無自性　55
『無能の人』　50
明確化　10, 31
もの　21-24, 26, 116
　　──とこと　21, 26
もの思い　18, 34, 39
もののあはれ　18, 56
森田療法　121

[ヤ行]
山姥　77
夢　70-73, 76, 79-80, 86, 96, 105, 114, 117, 120
　　下りる──　94, 105

[ラ行]
離人症　24
霊魂　51
老賢者イメージ　106

[ワ行]
わかる　10, 13

初出一覧

序章　はじめに
第1章　「見る」意識と「眺める」意識
第2章　和歌の中の「眺め」
第6章　心理療法という営みと「眺める」意識
終　章　結びにかえて
　　　　▶本書のための書き下ろし
第3章　石と「眺める」意識
　　　　▶上田琢哉（2011）．石をめぐる物語　東洋英和女学院大学心理相談室紀要，14，47-56．
　　　　▶Takuya Ueda (2012). Stones in the City : Meaningfulness and Meaninglessness of Stones. *Journal of Sandplay Therapy*, 21(1), 113-123. をもとに大幅に書き直し
第4章　事例1
　　　　▶上田琢哉（2009）．内的なイニシエーションにおける「見る」ことの意味——ある「永遠の少年」の夢の過程から　心理臨床学研究，26（6），722-733．をもとに大幅に書き直し
第5章　事例2
　　　　▶上田琢哉（2016）．心理療法における「眺め」意識　心理臨床学研究，34（1），83-94．をもとに大幅に書き直し

あとがき

　振り返ってみると、心理療法の仕事をしていく上で「意識とは何だろう」「日本人の意識とは何だろう」ということは、ずいぶん前から私の頭の中にあったように思います。もちろん「意識とは何か」というような難しい問題は、私の力で直接ぶつかって答えが出るようなものではありませんでした。ただ私は、自らの臨床活動を一つの素材としながらいくつかの論文を書いていったことの、一つの帰結としてうすぼんやりと見えてきたものを本書によってまとめてみたということに過ぎないのかもしれません。

　少し個人的な体験を例にあげることを許してほしいと思います。
　私は数年前から英会話教室に通い始めました。そこの先生方は大変知的な人たちで、ラカンについてどう思うかと、授業中にディスカッションを仕掛けてくるようなこともあり、大変刺激を受けていました。その先生云く
　「友だちが日本に来て、日本人と会話したが、みんな黙り込んでしまうと困っている。われわれは、『調子はどう?』とか『好きな食べ物は?』とか聞く。日本人は何も言わないので驚いている、彼に『日本人は no opinion か?』と問われた。あなたはどう思うか」と。
　そこで私は拙い英語で、日本人は相手にあれこれ聞くのは、not good manner だと思っている。同じく、自分自身のことを話すのも、not good manner だと思っている。だから、黙ってしまうんだ。意見はたくさん持っている、と言いました。先生は、なるほどと言いつつ、頭を抱えて「日本人は大変だ」と苦笑していました。先生は「われわれは directly communication だ。その方がわかり合いやすい」「なぜもっとはっきり言わないのか」と言われました。そして最後に一言、It is a Japanese sickness だねと言われました。
　それはまったくその通りでもありました。

しかし、私は、それは日本人がシャイであるとか、あるいはコミュニケーションのスタイルの違いであるとかいうような表面的な理解で終わる問題ではなく、まして単に語学力不足というようなものでもなく、意識のあり方自体の違いであり、かつ日本人の意識のあり方はそれなりに大切なものがあると思ったのです。ただし、自身の英語の拙さ以上に、どのように日本人の意識が大切なのかは自分自身でもわかっていなかったために、上手に説明することができませんでした（今なら、日本人は「眺める」意識も大事にしているのだと説明できるかもしれません）。さらに複雑なことには、同時に、先生の言う「日本人は大変だ」ということも十分自覚していたのです。だから私は、「われわれはあなた方のような西洋のコミュニケーションのスタイルを取り入れなければならない。we need to change」「だから、この英会話教室のクラスは日本人にとってセラピーなんだ」と、なんとか言うことが精一杯でした。ただ、先生は深く納得してくれていたように思います。

そして、まさにこのことが、私が従事している心理療法の現場で常に問題になっていることなのでした。

　　ああ、できることなら「二」という数を
　　口にしないでおりたいものを
　　　　　　　　　　　　（井筒俊彦『イスラーム文化』より紹介）

これは922年にバクダードの刑場で悲劇的な死を遂げた、神秘家であり当代一級のスーフィーであったハッラージ（al-Ḥallāj）の詩の一説です。むろんこの詩は人と神との関係を述べた言葉です。

私は、われわれ日本人にとって母なる無意識から自立して意識を確立させるときに抱く感情は、言い換えれば「何かを切断しながら理解する」ときに抱く感情は、まさにこの詩のような心情ではないかと思います。全体的「一」が未熟な状態で、それを乗り越えて「二」となることがベストな状態であると言い切れるほどわれわれの生は単純ではないでしょう。全体的「一」を大

事にし、その中に留まりたい気持ちをもっているにもかかわらず、しかし、「二」ということばを口にしなければならないとき、われわれがとる態度が「眺める」意識なのではないでしょうか。そして、私は、この詩で書かれているような葛藤が、これからの日本人のこころの問題において重要になってくるのではないかと感じているのです。

＊

　本書は2016年4月に学習院大学より博士（臨床心理学）の学位を授与された学位論文がもとになっています。

　幸運にも、ちょうど本書をまとめ始めた頃、本書に所収されているいくつかの論文が評価されて日本心理臨床学会の奨励賞を受けることになりました。私にはもったいないほどの賞でしたが、これまで考えてきたことが必ずしもずれていなかったのだと確認でき、うれしいというよりなんだかほっとしたことを覚えています。同時に、拙い論考であることは十分自覚しながら、「仕方ない。今できる範囲で本としてまとめ、社会に問うてみよう」という勇気も与えていただきました。

　今のところ、「見る」と「眺める」という視点が、意識のあり方を考える枠組みとして有用であり、さらにその具体的なあらわれを心理療法という営みにみるとき、非常に普遍的な治療機序が明らかになったということが新しく提出できたものです。このような観点がわれわれ現代人のこころの問題にとって真に有益かどうか、読者諸氏の厳しいご意見を待ちたいと思います。

　本書で論じたことが心理療法に関心をもつ人たちにとってささかなりとも参考になるものがあれば幸いです。

　なお、本書の刊行にあたっては、一般社団法人日本箱庭療法学会2019年度木村晴子記念基金による学術論文出版助成を受けました。

　最後に、本書を出版するにあたり、感謝を申し述べたい方々がいます。
　本書を仕上げることができたのは、お二人の先生のお力添えによるもの

です。

　学習院大学文学部心理学科で長く教鞭をとられ、その後学長までつとめられた永田良昭先生には、学生時代に研究のイロハを教えていただきました。先生はお忙しい中でも、いつも私の論文に丁寧な添削とコメントをくださいました。先生から学んだ〈考える仕方〉はその後も私を支え続けるものとなりました。また、先生は、私が大学を離れ臨床の現場に出ても、研究を続けるようにとずっと声をかけ続けてくださいました。何より本書のもととなる学位論文を執筆する最初のきっかけと励ましを与えてくださったのが先生でした。

　学習院大学文学部心理学科教授の川嵜克哲先生には、心理療法という自分自身の深いコミットメントが必要となる仕事に対して大事なご指導をいただいてきました。先生には本書のもととなる博士論文の主査をお引き受けいただきました。先生は、私の意見に対して否定ということを決してなさいませんでした。いつも新しい見方を加えて投げ返してくださいました。それは先生の臨床のスタイルでもあったろうと思います。私がずいぶんと遠回りをしている間も、まったく変わらぬ態度で待ってくださり、多くのご助言とご示唆で研究を完成まで導いていただきました。

　お二人の先生との出会いがなければ本書は完成しませんでした。ここに記して、深く感謝の意を表します。

　そして何より、本書への面接経過の使用をお許しくださったクライエントの方々と、本書の背景にある私の考えに影響を与えてくださった、これまでにお会いした多くのクライエントの方々に心より感謝を申し上げます。

　あとがきにはそぐわないと承知しつつ、最後に一言だけ個人的な感謝を述べさせていただきます。私が本書のもととなる博士論文に取り掛かろうとするとき、長女が小児がんにかかりました。私はそこで論文を書く作業を止めました。その小児がんがようやく治ってまもなく、長女はまったく別の脳症という病気にかかりました。そして重い後遺症を得ることになりました。命

を救うことができたのは、「見る」意識から発展した医療技術でした。しかし、なぜわが子にこのようなことが続けざまに起こるのかは、私の「見る」意識では到底理解しがたいことでした。私は論文を書くのを止め、心をしっかり閉じました。研究などしても意味がないと思いました。ただ私は長い時間をかけて、「考えても仕方がない」「この子と生きるほかない」という思いに至りました。それは私の「眺める」意識の発見でした。そして、先の永田先生と川嵜先生の励ましもあり、論文と本書の執筆を再開することができました。

本書を、小児がんと脳症という二つの大きな病気をし、その後遺症を得た長女へ贈ります。本書を書き上げる動機も、考える切り口も、すべてに彼女の存在がありました。長女とそれを支える妻と次女に感謝し、本書を捧げます。

2019年10月
上田琢哉

著　者──上田琢哉（うえだ・たくや）

1972年、山口県生まれ。2000年、学習院大学大学院人文科学研究科心理学専攻博士後期課程単位取得退学。日本学術振興会特別研究員（DC1）、文京区教育センター教育相談室、東京都立精神保健福祉センター等勤務を経て、現在、青山学院大学教育人間科学部心理学科准教授。2017年、日本心理臨床学会奨励賞受賞。博士（臨床心理学）。臨床心理士。論文に「自己受容概念の再検討──自己評価の低い人の"上手なあきらめ"として」（心理学研究，67（4），327-332，1996年）、「統合失調症者との面接における逆転移の意識化と逆転移の治療的意味との関係──治療者に布置されるエピメテウス性」（心理臨床学研究，26（5），537-548，2008年）、「内的なイニシエーションにおける『見る』ことの意味──ある『永遠の少年』の夢の過程から」（心理臨床学研究，26（6），722-733，2009年）、「Stones in the City : Meaningfulness and Meaninglessness of Stones」（*Journal of Sandplay Therapy*, 21(1), 113-123, 2012年）、「心理療法における『眺め』意識」（心理臨床学研究，34（1），83-94，2016年）などがある。

箱庭療法学モノグラフ
第10巻

「見る」意識と「眺める」意識
心理療法という営みの本質を考える

2019年11月20日　第1版第1刷発行

著　者────上田琢哉
発行者────矢部敬一
発行所────株式会社 創元社
〈本　社〉
〒541-0047　大阪市中央区淡路町4-3-6
TEL.06-6231-9010(代)　FAX.06-6233-3111(代)
〈東京支店〉
〒101-0051　東京都千代田区神田神保町1-2　田辺ビル
TEL.03-6811-0662
https://www.sogensha.co.jp/
印刷所────株式会社 太洋社

©2019, Printed in Japan
ISBN978-4-422-11480-4 C3311
〈検印廃止〉
落丁・乱丁のときはお取り替えいたします。

装丁・本文デザイン　長井究衡

JCOPY 〈出版者著作権管理機構 委託出版物〉
本書の無断複製は著作権法上での例外を除き禁じられています。複製される場合は、そのつど事前に、出版者著作権管理機構(電話 03-5244-5088, FAX 03-5244-5089, e-mail: info@jcopy.or.jp)の許諾を得てください。

本書の感想をお寄せください
投稿フォームはこちらから ▶▶▶